本当に君は
総理大臣になれないのか

小川淳也 中原一歩

講談社現代新書

2622

はじめに

中原一歩
（ノンフィクション作家）

こんな政治家を追いかけて本当に面白いのか――。

週刊誌の取材で衆議院議員・小川淳也を取り上げることに決まったとき、どうやって読ませる記事をつくればいいのか困ることになるだろうと思った。2019年の統計不正疑惑をめぐる予算委員会での活躍や、2020年の〝出演〟映画『なぜ君は総理大臣になれないのか』のヒットなどが重なり、ネットの一部などでは「将来の首相候補」として話題になっているものの、永田町的にはほぼノーマークの存在である。

初めて本人に会ったとき、「あなたの出自から、いまの政治に対する思いまで、すべてを丸裸にしたい。ただし、あなたの期待どおりの記事になるかはお約束できませんよ」とストレートに伝えた。小川の返事はこうだった。

「私のような者でよければ煮るなり焼くなりしてください。すべてお任せします。自由に好きなようにしてもらって結構です」

おいおい、こっちは週刊誌の記者だぞ。そんなに簡単に信用するなよ……と思った。そもそも政治家が使う「すべてお任せする」という言葉は信用できない。彼らは本業でもしばしば「表」と「裏」を使い分ける。「なんでも好きなように書いてくれ」と啖呵《たんか》を切っておきながら、原稿確認の段階で、自分に都合の良いように適当なセリフを入れろと言ってきたり、インタビューそのものをなかったことにしろ、と無茶苦茶なことを要求してきたり——かつて別の政治家に取材した際に、何度かそのようなケースがあったので、小川もひょっとしたらその類の輩なのではないかと考えたのだ。

私は手始めに、小川の政治資金収支報告書を調べてみることにした。収支報告書というのは実に面白いもので、たとえ不祥事などは見つからなくても、「何にいくら使ったのか」を眺めるだけで、その政治家の生き方や考え方のようなものはだいたい把握できる。

政党支部、地元後援会、東京後援会、それぞれの収支報告書を取り寄せてみた。見事なまでに何の面白みもない文書だった。献金はほとんど個人の支援者によるもので定期的に5000円とか1万円といったものが大半を占め、会合もその多くが昼食代や弁当代で、2万円を超えるものはほぼ皆無である。行間から危険な香りがまったくしない。

後日、その感想を本人に伝えたところ、

「本物の仕事をするためには、自己規律が基本だと思っています。少々のことでは浮かれない。絶対に正道を踏み外さないと心に決めています」というお堅い返事があった。

一事が万事、こんな具合だった。

国家の利権の巣窟であり、日本の最高の権力が集中する永田町。その住人である国会議員は、本人が望むと望まざるとにかかわらず、そういった利権や権力、欲望や闘争と付き合いながら生きていくことを宿命づけられている。ところが、小川はできるだけそういったものから自らを遠ざけようとしているように見える。目先の党利党略には関心がない。他方、日本という国家の理想を熱っぽく語らせると止まらない。

その無邪気な熱っぽさ、まっすぐな誠実さが、ある一定の層から熱烈な支持を集めるものの、同じ理屈で党内の出世が遠のいている。党内政治には無頓着。だからなのか、永田町にはつきものの派閥やグループに属することも、集団を作って群れることもできない。したがって仲間や同志のような人間が周囲には見当たらず、永田町では異端視されている。「数は力」の政治の世界では致命傷ではないかとさえ思う。

――それでも――。

「持続可能《サステナブル》な日本にするための改革」を飽くことなく訴え続ける小川の話に耳を傾けているうちに、もしかしたら、行き詰まった日本を本当に変えることができるような次世代の政治家は、小川のような人間なのではないかと、少しずつ思うようになった。これは偽らざる本心だ。

いまの日本の政治には「新しい軸」が必要なのではないかと思う。安倍晋三氏や菅義偉氏のような自民党系のリーダーとも、枝野幸男氏や志位和夫氏のような野党系のリーダーとも、あるいは小池百合子氏や橋下徹氏、山本太郎氏のような第三極のリーダーとも異なる、全く新しい「何か」を示せるリーダーが求められているのではないかと思う。もちろん、それが小川である必要はないかもしれない。だが、明日の日本をゆだねるリーダーの選択肢が多いに越したことはないだろう。

少し前の日本だったら、小川のような理想追求型の政治家がクローズアップされることはなかっただろう。だが、人口減少や新型コロナウイルスの影響によって、いまの日本は想像もつかないスピードで「変動期」に突入している。ともすれば、数の力という現実の前に、理念や理想を語る者は嘲笑されただろう。しかし、理念も理想もない「政治の言葉の貧しさ」は空しすぎる。だからこそ、いま、小川のような、青臭く、熱く、切ないほどにまっすぐな理想論が、次代の日本のための一握の福音となるかもしれない。

一部の例外を除けば、総理大臣を目指さない国会議員はいない。だからこそ、私は、この小川淳也という全く無名で異質な政治家に問うてみたかった。

「なぜ」ではなく、「本当に君は総理大臣になれないのか」と。50歳になったこの青臭すぎる政治家に、日本という国の未来のあり方について、真剣勝負《ガチンコ》で、本気で問うてみたのが本書である。大物政治家の本はたくさん出版されているが、大物でない政治家の胸の内にここまで徹底的に切り込んだ本はないと思う。ある意味、奇書である。

なお、取材を終えたいまでも、正直、私は小川が「政治家に向いているか」という点については、はっきりとした結論を見出すことができなかった。

その答えは読者各位の胸の内にゆだねてみたいと思う。

目　次

ろ」／麻生財務大臣との対決／国民は「正直で信頼できる政治」を求めている／家族の肖像／「自分のまいた種は自分で」／人生には優先順位がある／ロマンスと受験の狭間で／初心を曲げず／「人間社会の機微を学んでいくんだぞ」／霞が関の役人時代／沖縄で目にしたもの／日本「安定した時代」の終焉

第3章 小川淳也に聞く

「難しそうな大改革をどうやって実現するんですか」 聞き手：現代新書編集部

日本の歴史は40年単位で大きく変わる／小川淳也版「未来の政治年表」／「党議拘束」こそが野党を弱体化させている／泰山は土壌を譲らず／不勉強を露呈するインタビュアー／反対の声にビビるようでは、この時代の舵取りはできない／総理になって最初の大改革／なぜ国会では政策ではなくスキャンダルが議論されるのか／新型コロナとの戦いが長期化した場合は／医者は「9割方公務員」／コロナと戦っている病院ほど赤字になるのはおかしい／日本のワクチン接種はなぜ4ヵ月遅れたのか／「1日あたり100万回の接種」という数字について／ワクチンの接種ペースを上げる方法はあるか／グローバルな問題とローカルな政治機構とのギャップ／100人ずつ3グループで徹底討論／MMTとベーシックインカムについて／ほぼすべての改革内容を盛り込んだ超大型法案を／国民投票で否決されても「即退陣・引退」／大改革には非常大権が必要ではないのか／千軍は得やすく、一将は求め難し

第４章　本当に君は総理大臣になれないのか（後編）中原一歩

海外赴任／官僚という仕事への違和感／「俺たちは自民党の下請けではない」／政治と官僚の歪な関係／赴任先の市長の教え／自分以外は全員猛反対／「子供には辛くあたりすぎました。後悔しています」／「始末に困る人ならでは、国家の大業は成し得られぬなり」／「政治哲学」に関する謎／「希望の党」騒動をめぐる混乱と後悔／小選挙区に勝てない苦しさ／コロナに襲われる／延長戦に突入／代表戦出馬宣言／いつまでも修行僧でいることはできない

文中一部敬称略

WHAT?

第1章　小川淳也に聞く
「総理大臣になったら何をするんですか」

聞き手：現代新書編集部

――はじめに一つだけ確認しておきます。政治家の本にありがちな、馴れ合い、お世辞やお追従《ついしょう》満載のインタビュー、一方的な政策紹介本にするつもりは一切ありません。小川さんにとって答えづらいところもあるかもしれませんが、あとで活字になったゲラを見て「ここは都合が悪いからカットしてほしい」と言われてもお断りします。つまり完全な「ガチンコ」の取材なのですが、そのような条件でもよろしいですか？

小川　結構です。すべておまかせします。

――ありがとうございます。それでは始めましょう。意地の悪い質問に聞こえたらすみません。

　このインタビューで明らかにしたいこと、最大の目的は、「小川さんは総理大臣になったら何をするんですか？」をはっきりさせることだと思っています。

約17年間にわたって、小川さんの国政への初出馬からの選挙活動を追い続けたドキュメンタリー映画『なぜ君は総理大臣になれないのか』（大島新監督　２０２０年）が話題になりましたが、ここでは「では、総理になったら何をしますか」ということをストレートに聞きたい。

もちろん、小川さんが２０１４年に『日本改革原案』（光文社刊）という政策提言の書を出したこと、その本の中で「生涯現役」「列島開放」「環境革命」「国際社会の変革」という4つの構想を軸に詳細な政策提言を行っていることは知っています。ということで、よろしくお願いいたします。

右肩上がりの時代に作られた「国の形」はもはや維持できない

小川　具体的な政策提言についてお話しする前に、まずは、私がなぜそのような考えに至ったかについて少し説明させてください。それには『日本改革原案』の中でも使った2枚の図（14～17ページ参照）を見ながらお話しするのが一番いいと思います。（両方の図を指し示しながら）いまの日本の最大の問題は「持続可能性の危機」にあります。日本が今後、いまの状態を維持することはできません。それはなぜなのかを一言で申し上げれば人口問題です。大事なポイントは2つ。第一に、日本の人口が2008年に1億2808万人というピークを迎えた後から減少に転じ、そのペースが加速している点です（図1）。そして第二に、日本の人口の年齢構成・人口構造が激変している点です（図2）。

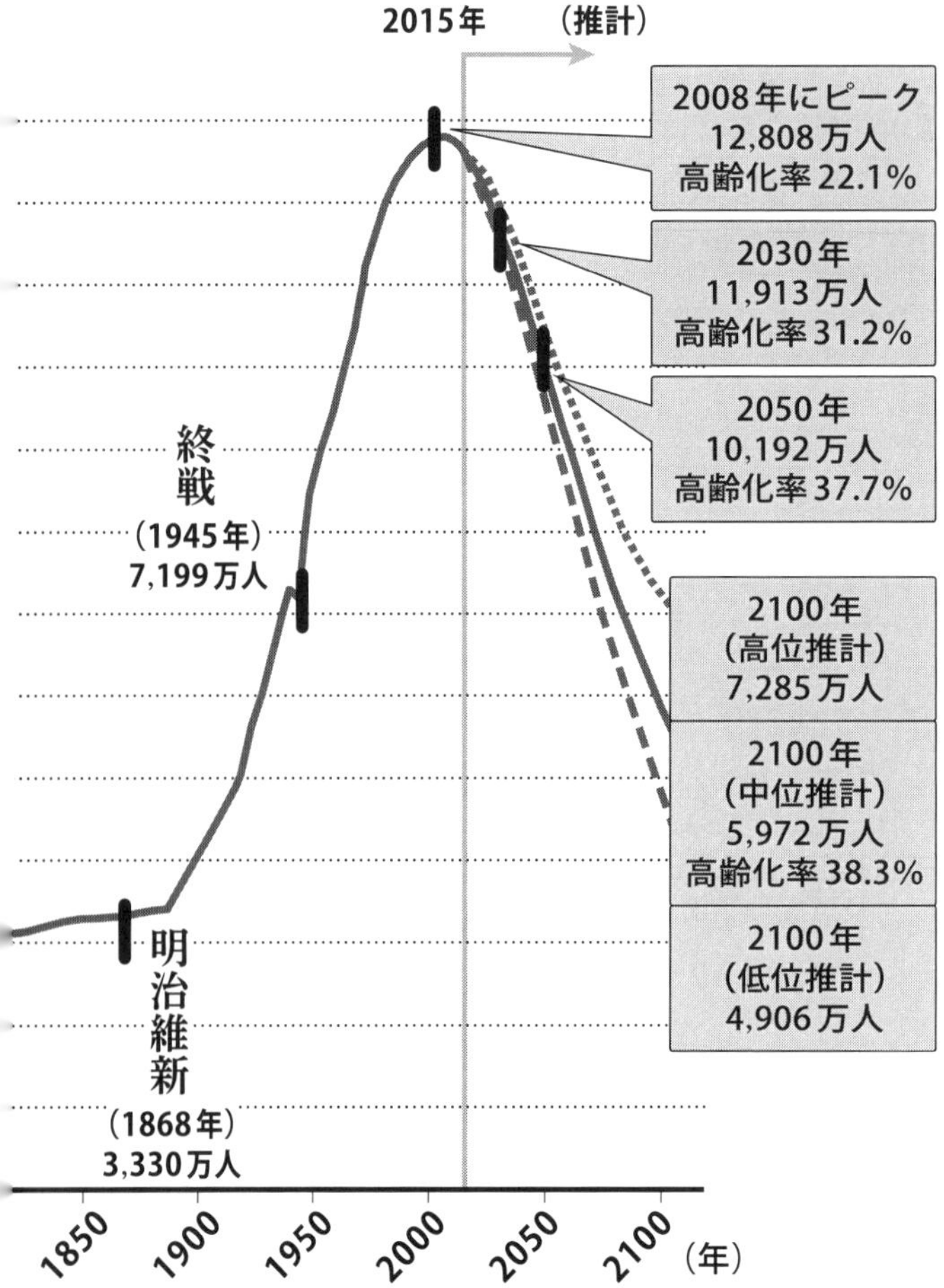
2015年
（推計）
2008年にピーク
12,808万人
高齢化率22.1%
2030年
11,913万人
高齢化率31.2%
2050年
10,192万人
高齢化率37.7%
終戦
（1945年）
7,199万人
2100年
（高位推計）
7,285万人
2100年
（中位推計）
5,972万人
高齢化率38.3%
2100年
（低位推計）
4,906万人
明治維新
（1868年）
3,330万人
1850
1900
1950
2000
2050
2100
（年）

図１　日本人口の長期推移

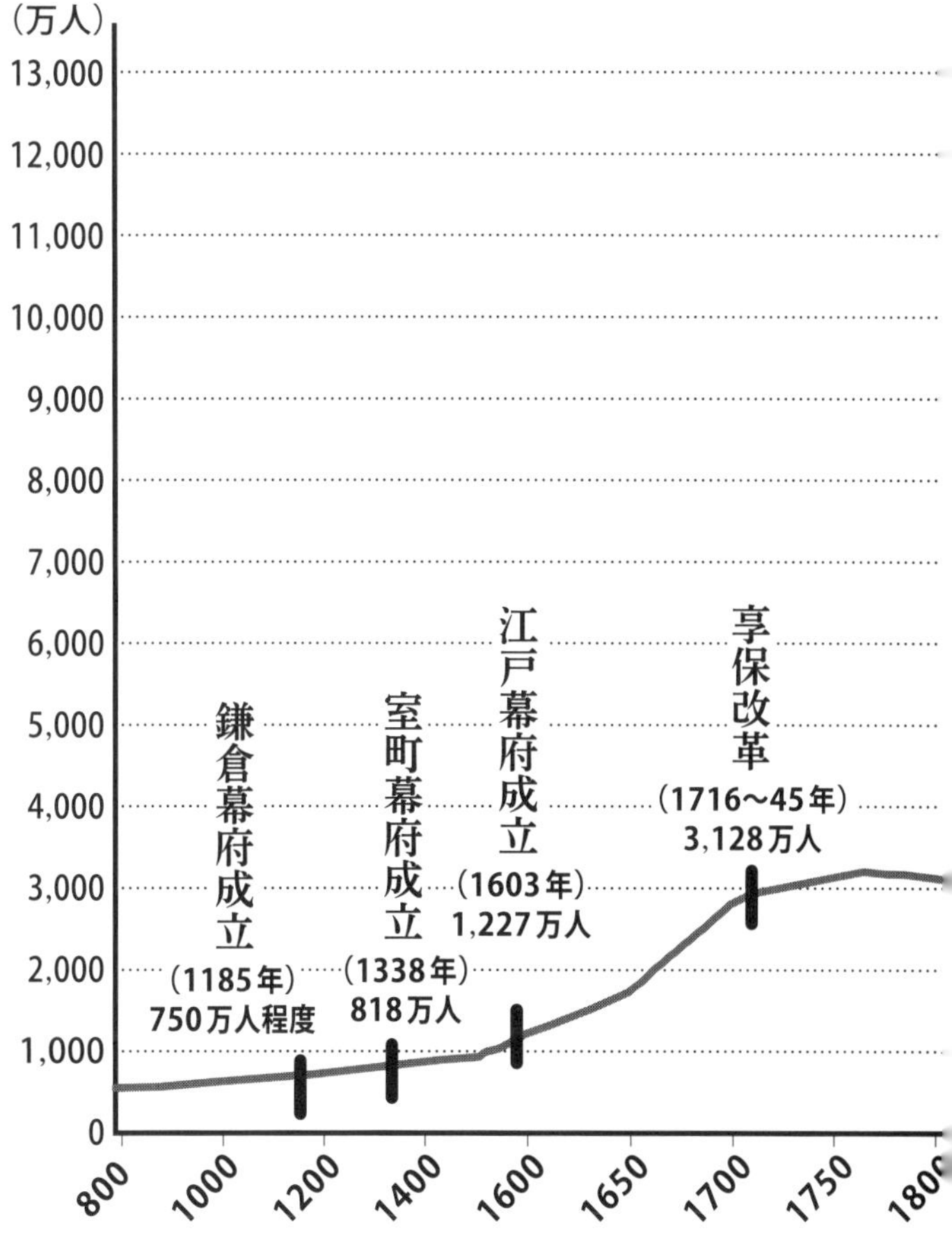

出典：国土審議会 計画推進部会　国土の長期展望専門委員会
「国土の長期展望について」（令和２年10月）

1955年

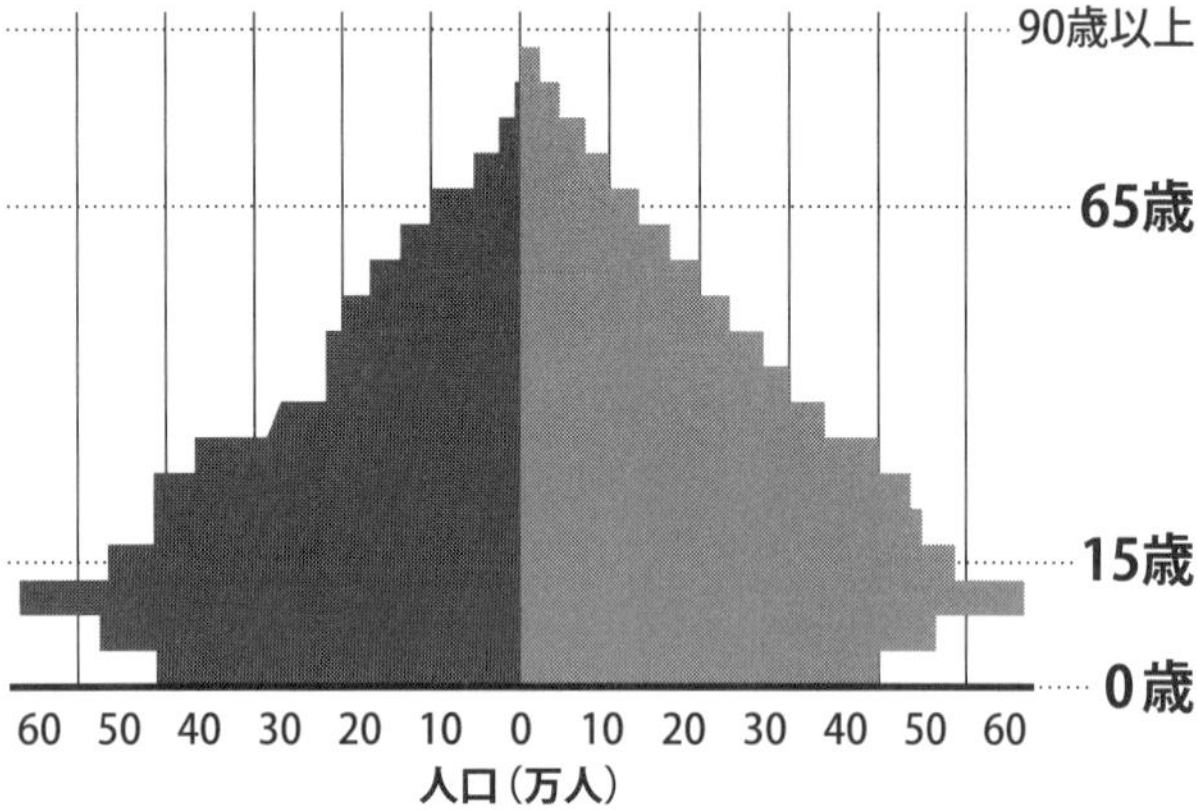
90歳以上
65歳
15歳
0歳
60 50 40 30 20 10 0 10 20 30 40 50 60
人口（万人）

2010年

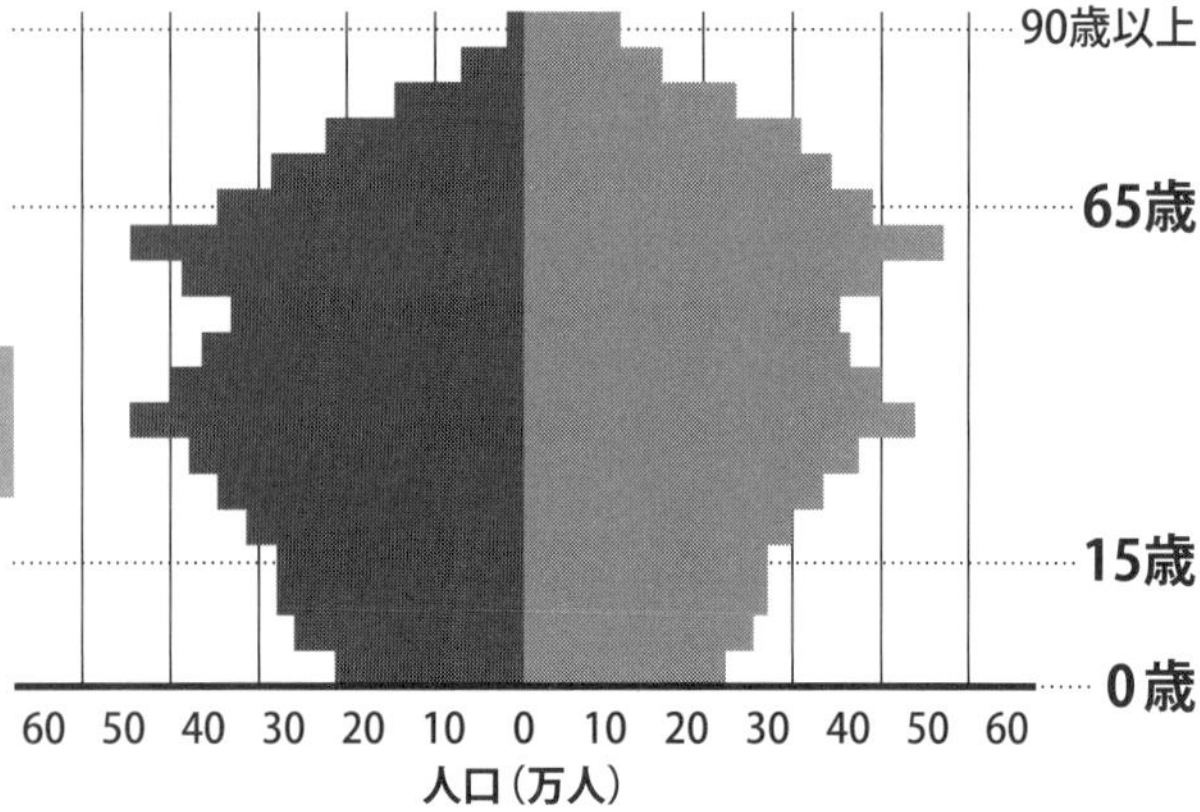
90歳以上
65歳
15歳
0歳
60 50 40 30 20 10 0 10 20 30 40 50 60
人口（万人）

図2　人口構成の激変

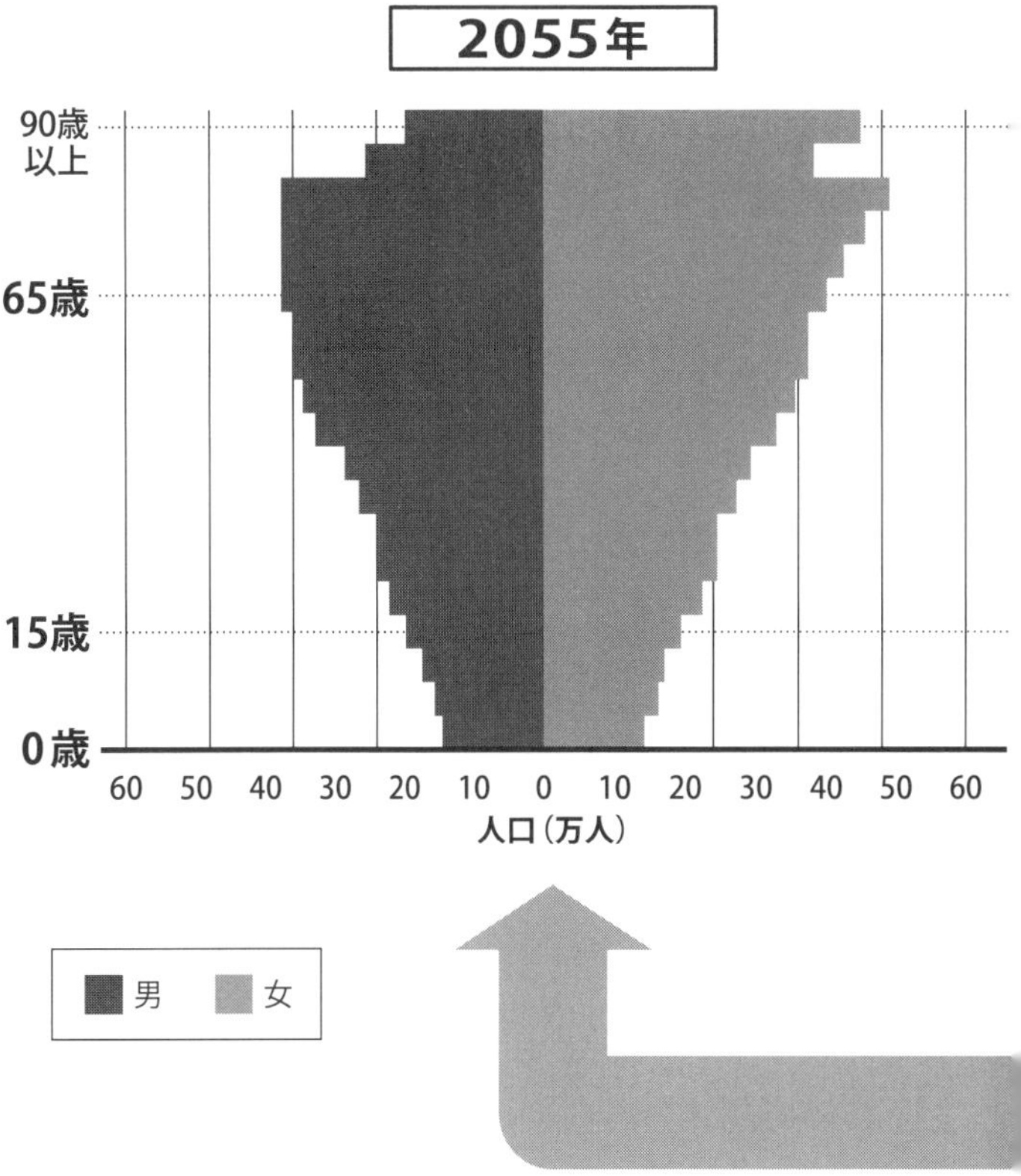

出典：国立社会保障・人口問題研究所発表資料をもとに小川事務所作成

図1を見れば一目瞭然ですが、われわれが当たり前だと思っていた「右肩上がりの時代」というのは、日本の長い歴史からみれば、実はきわめてレアな時代なのです。人口が爆発して急激に増えることで、それに応じて生産力も上がり、高い経済成長を遂げたのも、明治維新から2008年までの、せいぜい140年足らずの出来事にすぎません。高度成長の時代は、歴史的にみればわずかなスパンにすぎない。

でも、みなさんがご承知のとおり、いまはそういう時代ではない。人間の数が減り続け、低成長が続いている。だから、過去の右肩上がりの時代に作られた道路・住宅・橋・上下水道・病院・鉄道といった社会の基礎を成す大量のインフラ（インフラストラクチャー＝社会を構成する基盤）をこのまま維持できるのかというとできないし、1200兆円もある政府債務や年金の負担も人口減少の時代にはますます国民の重荷になっていくのは自明なんです。

「昨日よりも今日はよくなる」

「明日のほうが今日よりも人が増えるし、経済も豊かで賃金も上昇する」

そういった意識はもはや幻想で、その幻想を維持できなくなってきたと実際に多くの方々が考えている。それを、どうやったらこのまま維持できるんだろうか、なんとかして右肩上がりの時代を取り戻せるのではないかと、国全体が試行錯誤を続けてきたのがこの30年間、いわゆる「失われた30年」だと思っています。

これはエネルギーという観点からみても同様のことが言えます。石炭や石油のような化石燃料、あるいは原子力発電所などに頼らずに人生と社会が維持されたのは江戸時代が最後です。それが明治以降、今日に至るまで、人間は化石燃料や原発のようなエネルギーを際限なく使い続け、エネルギーの消費量を無限大に増やし続けてきた。エネルギー効率を上げれば上げるほど、持続可能性は脆弱《ぜいじゃく》になる。つまり、大量のエネルギーを消費しなかった江戸時代以前は、平穏な持続可能性を保っていた時代であって、いっぽう明治以降から近年までの人口急増時代は歴史全体から言えば、持続可能性の大きなリスクを伴った時代だということです。

日本に「持続可能性」を取り戻す

——ちょっと待ってください。それは懐古主義というか、一種の理想論じゃありませんか？　いまさら江戸時代の暮らしになんか戻れるわけがないですよ。

小川　私は、江戸時代の生活に戻ろうと言っているわけではありません。ただ、これからの右肩下がりの時代にあっては、エネルギーも持続可能性という観点、たとえば太陽光の活用や、あるいは化石燃料・原発からの確実な卒業といった、持続可能性をはかる政策の方向性が徹底的に議論されるべきです。環境問題などもすべてはそこに端を発しています。欧州や中国で、ガソリン車の販売を規制し、電気自動車やハイブリッド車のような車の割合を増やす方向に舵を切り始めていますよね。

――……なるほど。そういう意味であればよくわかります。

小川　そこであらためて図2をご覧ください。人口が減るだけでも大問題なのに、年齢構成・人口構造が大きく変わっています。1955年にはピラミッド型の三角形、若い人の割合が高かったのが、2055年には高齢者が多数を占める逆ピラミッド型、逆三角形に移行します。つまり、通常の三角形の時代にあわせて設計された日本の社会インフラや年金をはじめとする社会保障制度は、これからの超高齢社会を支えきれなくなるのは自明です。若い人が少なくなるのですから当たり前の話です。

ということは、社会保障を負担するのは現役世代だけではなくて全世代で分かち合うという形にしなければならないし、給付だって、もはや高齢者一律とはならない。本当に必要なところに過不足なく届けるという大きな社会改革がどうしても必要になります。

高度成長と賃金上昇が当たり前の前提だった時代から、低成長と賃金の低下が常態となるような時代に、こうした大きな改革を社会のすみずみまで、持続可能性を取り戻すレベルまで断行しなければならない。そしてそのためには、「経済はなんとか成長させる、株価も賃金も上げるから、あとは自己責任で生きてほしい」というスタンスの現状の社会を「教育や介護や福祉が必要な人には無償に近い形で利用できるように社会設計を大きく見直すから、そのための国民負担についてはきちんと議論させてほしい」という政治・社会に移行しなくちゃならない。

その点をまずは強調しておきたいです。

政治家の仕事も大きく変わっていく

――でも、たしか、今の政府も「全世代型社会保障」というスローガンを掲げていますよね。今の小川さんの話とだいたい同じ方向を向いているのではないですか？

日本は社会制度やインフラを再設計しないともたない、、、という点については、そのとおりかもしれないとは思いますけど、自民党だって馬鹿ではないので、それが必要だと判断すれば改革の方向に舵を切るのではないでしょうか？

小川　うーん、その（自民党が大改革を行う）可能性もゼロではないと思いますが、私は、今の自民党・政権に、その覚悟を感じるかと言ったら……。

――ちょっとストップ！　今の国民は国会に辟易《へきえき》しています。与党と野党が互いに悪口ばっかり言い合って、肝心の政策があまり議論されていないように見えるからです。ですから、今回のインタビューも与党や政府への批判はあまりなさらないほうが……。いや、こちらの腰が引けているわけではないのですが。

小川　今の政権を誹謗《ひぼう》しているわけではありません。ただ、活字になると悪口のように映るという理屈もわかります。それでは、こういう言い方はどうでしょうか。

通常、「日本の政治」といったときに連想されるのは、戦後の成長期の政治ですよね。戦後の成長期――富が拡大していくような時代の政治家の仕事を、一言で表現するならばそれは「富の再分配」なんですね。僕も自治省（現総務省）の官僚時代に、この時代の政治に少し触れていますが、この時代の政治家や官僚は、とにかく毎年、前年よりもいくら予算を増やすとか、増やせるかということばかり議論しているんです。つまり、必ず税収は前年よりも多いという前提に立つ。それが当たり前で、それに反する議論はできない。

――そういうものなんですか？

小川　そういうものだったんです。当時はね。ここでちょっと想像してほしいのですが、政治家が富の再分配をしてくれる存在だったら、国民の側から言えば、政治家は「飴玉をくれる相手」になるわけです。そうすると、他人から飴玉をもらうときに、その飴玉をくれる人が信用できる人だとか、どれくらい自分たちのことを理解してくれているとか、そういうことは、もらう側からすれば、はっきり言ってどうでもいいことでしょう？

――……そうですね。そんなことは考えずに、たぶん私も喜んで飴玉をもらいますね。

小川　飴はおいしければいい、甘ければいい、っていうことになりますよね。ということは、やはりこの時代の政治は結果として利権の分配が基本モデルになるんです。その代表が田中角栄さんでした。角栄さんの地元の新潟は〝飴玉が特大〟でした。日本海側の地方都市では全国のどこよりも早く新幹線が通り、一般道路はいまでも高速道路のように整備されています。あれが昭和の政治の象徴的なモデルであり、体質だったと思います。

ところが、高度成長の時代が終わり、低成長・下り坂の時代に入ると、政治家の仕事が根本的に変わってくることになります。国民に飴玉をあげるのではなくて、逆に、国民に向かって「あなたが持っている飴玉を少しずつ国に渡してください」「いままで国からもらってきた飴玉を少し返してください」とお願いするのが大事な仕事になるんです。「いままでこれだけのご負担をいただいておりましたが、この国を持続させるために、今後はさらなるご負担をお願いいたします」と国民の大多数を説得しなければならない。

この「政治家の仕事の変質」は、とても重要な点だと思います。

国民の側からすれば、それまで飴玉をくれた同じ相手から、どうか飴玉をいま少し提供してほしいと言われることになる。そのときに、なぜそんなことを言うのか、我々から飴玉を取り上げようとするアンタはいったい何者なんだと、政治家は厳しく問いただされることになるわけです。昭和の政治は「モノをくれる政治」です。一方、今日のような下り坂の時代の政治は、信頼と引き換えに、あるいは、公共空間を広げていくという抽象的メリットと引き換えに「国民に負担をお願いする政治」になる。

だけど、この30年、バブル崩壊から30年、残念ながら政治はその質的変換を果たすことができずに右往左往してきました。だから問題を明確にできていない。おそらく政治家の役割が変わるという認識もしていない。むしろ、どうやったら昭和の時代のような上昇曲線をもう一度描くことができるのかに一生懸命になってきた。アベノミクスなどもその最後の徒花《あだばな》だと思います。強い経済を、成長を取り戻せ、日本を取り戻せ、という号令です。でも実際にやったことは金融緩和だけでしたけど。

政権時代の民主党について

――……うーん、そうなのかな……。

小川　誹謗や中傷ではなく、事実そうだと思います。繰り返しになりますけど、いまの政治は問題を認識できていないから定義して説明することもできない。当然、政策体系も頭の中にないし、政治の質的な転換や、そのために必然である政治家と国民との信頼強化といったことを考えたこともない。そんな人々が日本という大型飛行機のコックピットに座り続けている。追い風、晴れのところを飛んでいるうちはなんとかなったけれど、急に天気が悪くなって、大きな低気圧にものみこまれて、ガタガタ震える操縦桿を握りしめながら蛇行を続けている――それがいまの日本の政治です。晴れの状態しか知らない機長が操縦しているので、どうしていいのかわからない。だから乗客もこの30年間さまよい続けている。

――「この30年」と言われましたけど、その30年の中には、民主党政権の時代（２００９年９月～２０１２年12月）も含まれていますよね。つまり小川さん自身が与党・政権の一員だった時代もある。そのあたりはどうお考えなんですか？

小川　２００９年に政権交代を果たしたときは、「今日から政治が変わる」と日本中が希望にあふれていたはずですが、結果として稚拙な政権となり、政治を変えることができなかった。その責任はいまでも感じていますし、申し訳なく思います。しかも、あのときの失敗によって、野党による再度の政権交代ははるかに遠のいてしまった。つまり、我々には「政治を変えられなかった責任」「政権交代が遠ざかってしまった責任」というダブルの責任があります。旧民主党の流れを汲《く》む人間が政権奪還を目指すのであれば――もちろん私もその一人ですが――まずは当時の総括や反省、場合によっては謝罪が必要だと国民が考えるのも当然だと思いますし、その声に応《こた》えなくてはならないと考えます。

――そうですね。私も当時の民主党に期待して、その後ガッカリした人間の一人です。あのときの期待が大きかった分、いまの野党には期待できないと思っている国民は多いでしょう。「いまの自民はヒドいけど、それでも野党よりはマシ」みたいな感じです。

小川　それでも持続可能な日本にするためには「政治主導」が必要です。民主党が政権交代を果たしたとき、僕は古巣だった総務省の政務官に就任していますが、そのときに官僚の皆さんの前でこう申し上げたことがあります。

「なぜ政権交代は起きたのか。それは成長期の再分配モデルが行き詰まったからです。これから政治は、政治家主導が求められることになります。成長期は官僚が絵を描いて政治家が追認するボトムアップ型の意思決定でよかった。ところが下りの時代に入ると、最初に政治家が全体調和・全体最適を描いて、それを部分部分に落とし込まないと実行不可能になる。したがって、意思決定は政から官へのトップダウン型に切り替わらざるを得ない」後に当時の事務次官が「よくわかりました」と宴会の席で言ってくれました。2009年当時は、自分の力不足もあって無我夢中で駆け回っているうちに自民党に政権が戻ってしまったということです。

官僚主導ではなぜうまくいかないか

——ご発言の揚げ足をとっているみたいで恐縮ですけど、政治家によるトップダウンって、それはそれで一部の政治家たちの利益誘導につながるような気がするのですが……。それに全体最適ならば、むしろ優秀な官僚に絵を描かせちゃったほうが効率的だし、政治家による恣意的な利益誘導も起こりにくいのではないでしょうか？

小川　官僚の皆さんが優秀であるということは否定しませんが、彼らに任せればうまくいくというのは完全に幻想です。私も官僚だったのでわかりますが、官僚というのは自分が所属する省庁や部局・課を基本とします。つまり、自分が所属する「課」という部分社会、部分利益を代表する存在なのです。はっきり言えば、自分の担当業務だけを考えて仕事をしている。

——そういうものなんですかね。

小川　これは官僚だけにあてはまる話ではなく、組織に属する人間の宿命みたいなものだと思います。そうですね……自分の会社にあてはめて考えてみるとよくわかるかもしれませんね。たとえば、あくまで仮の話ですけど、講談社の現代新書編集部に所属する部員たちが、「自分たちのやっている現代新書の仕事は時代遅れで無意味だと思うから部署を廃止しましょう」と自発的に廃止に動く……ということはありえるでしょうか？

——それは無理です。いまの自分たちが行っている仕事の意義を自分自身で否定するなんてありえない。

小川　まさにそこなんです。組織の仕事は、組織内の人間には否定できない。これはどの組織でも同じだと思います。たとえば、霞が関に3万人ぐらいいる官僚はほぼ全員が熱意をもって「自分の仕事は日本にとって必要です。大事な仕事です。だから予算を増やしてください。権限をもっとください」と主張しているようなものです。その中で、必要な仕事と必要でない仕事をしっかり分ける、全体最適の仕事を考えられるポジションの官僚が一人でもいるかというと、いないのです。だから、官僚主導ではなく政治主導で優先順位や全体最適を決めるトップダウン型が必要。

――しかしですね……ヒラの立場では無理だけど局長とか事務次官になって、自分が理想だと思い描いてきた政策を実現させようと思っている志のある官僚だっているかもしれませんよ。

小川　いえ、結局、それも事の大小があるだけです。●●課▲▲係の係長は●●課▲▲係のことを考えるのと同様に、■■局の局長は■■局のことを、××省の事務次官は××省のことを優先的に考える。事の大小は違えども本質は同じです。

――いや、私が言いたいのは、城山三郎さんの『官僚たちの夏』に出てくる通産省の主人公のような、日本の明日の姿を思い描きながら仕事をする、スケールの大きな人物も一人二人ぐらいはいるんじゃないですか、ということです。

小川　その時代の官僚たちも、高度成長期という上昇曲線の中で「増やすこと」ばかり考えていた人たちですね。たとえば通産省で言えば、自動車を増やすこと、自動車の生産を拡大することが、そのまま通産省自動車課の権限と影響力の拡大につながるという認識で一生懸命働いていたと思います。もちろん省や課の利益だけでなく、社会的使命のようなものも感じていたかもしれません。ただし、それは時代的な意義と矛盾しなかったからそれでよかったわけです。でも、いまはガソリン車をなくして電気自動車に替えようという時代になった。

「政治家だって誰も信用してませんよ？」

——それまで一生懸命働いてきた人たちの存在理由が問われているということですか？

小川　そのとおりです。電気自動車に転換するから、自動車課の担当業務を電気自動車の普及に変えていくことになる。ところが事はそう簡単ではないはずです。これまで自分たちはガソリン車の普及のために専門知識と人脈を蓄えてきたのに、「電気自動車への転換」って簡単に言うけど、オレたちの仕事はどうなるんだ、オレの蓄えてきた専門性・知見・人脈はこれからも使ってくれるのか、活躍する場所はあるのかというのが、彼ら官僚の根本的な心理ですよ。いまはわかりやすい譬《たと》えとして自動車課の名前を出しましたけど、これからの時代には、官庁の仕事も最適化という名のダウンサイジングが絶対に必要になってきます。

――なんか他人事とは思えないですね。出版という仕事もデジタル化の波が押し寄せてきて、従来の編集者の仕事が激変して、自分のこれまでの仕事のやり方や人脈が役に立たなくなるんじゃないかと悩んだりしますからね。激動の今の時代に同じことを考える40代、50代の人って多いと思います。あ、これは余談ですが。

小川　先ほどの官僚の話って、戦前の日本軍が大艦巨砲主義を捨てられなかった、航空戦略に転換できなかったのと似たような構図だと思うんです。戦前の日本が不幸だったのは、あの戦争が軍事官僚によって遂行されたことではないかと僕は思う。陸軍の参謀本部にせよ、作戦課にせよ、みんな官僚だから出世がかかっているので、インパールもノモンハンも「失敗でした」とは口が裂けても言えないわけです。こういうことが無数に積み重なって、最終的には国民を破滅的状況に導いてしまった。そのときに全体を俯瞰《ふかん》し、責任を取る覚悟で大きな舵を切れなかった政治機構の不在が最大の問題だったと思います。

　いま、この下り坂の時代に、官僚にすべてを任せるというのはそういうことです。これまでの自分たちの仕事を否定できない。全体観をもちえない、自分の立身出世と切り離して物事を考えられない、ついでに言えば責任もない――そういう人たちに、この先もこの国を任せ続けるという意味と同義なんです。

——でも、大半の国民は、官僚を信じていないと思いますが、政治家のことも信じていないと思います。ダウンサイジングを差配する権限を政治家が握ったら、今度はそれを利権にするんじゃないかという懸念が出てくるのではないですか。小川さんが悪いわけではないですけど、日本では政治家という人間がかなり怪しい存在だと思われているのは間違いない。こういう意見について、小川さん、何と答えますか？

小川　それは仰るとおりです。18年前、私が役人を辞めて政治家になりたいと妻に打ち明けた際に猛反対されたのですが、そのとき妻から言われたのがまさにその言葉でした。

「辞めるのは結構だけど、あのおどろおどろしい、汚くて恐ろしい政治家の世界に自分の夫が行くのか思ったらとても耐えられないからやめて」と。

私は「そのとおりだ」と答えました。「政治にはたしかに汚くて恐ろしい面がある」と。その上でこう言いました。

「だけどな、汚い、恐ろしいというイメージがあるかぎり、この国は変わらない。変われない。できるかどうかはわからんけど、政治や政治家の仕事のイメージを塗り替えるような仕事を誰かがやらなけりゃならない。俺にできるかわからんけども、ここでやってみなかったら俺は死んでも死にきれん」と。

ほぼすべての国民が「政治は汚い、恐ろしい」と思っているでしょう。そこには共感します。でも、やっぱりこの状況は誰かが変えなくてはいけない。諦めるのではなく、私も含めた全国民が総力を挙げてチャレンジしなくてはいけないのではないかと思います。

「政策オタク」として政策についてずっと考え続けてきた

――ではそろそろ具体的な政策について伺います。先ほどの図にもありましたが、今の日本は上昇ではなくて下降曲線ですよね。そのお話のとおりだと、かなり日本はヤバいことになりますよね、というより、もうヤバい状態がかなり進行している、手遅れになるんじゃないかというぐらい厳しいですよね。と、するならば、一日も早く、なんとかしなくてはいけないんじゃないか、という話になる。

小川さん、政治的にはまず、何をどうすればいいんですか？

小川　冒頭で触れていただいた私の本、『日本改革原案』にある政策、体系化した政策をできるだけ速やかに一つひとつ実行するしかない。僕はそう考えています。

——なんでそんなに自信をもって断言できるんですか？

小川　あの……この発言を活字にすると、どうしても尊大に見えてしまうかもしれませんが……僕は政治家になってから、いや、政治家になろうと決意したときから……いや違う、大学を卒業して官僚になってこの国のために働こうと思ったときからかな……とにかく、ずーっと日本の何が問題で、何をどうすればいいのかを、これまでの人生の半分以上、30年ぐらい考え続けてきたんです。僕は自分のことを政策オタクだと思っていまして、日本の政策について考えてきたこと、思ってきたことが生半可ではないです。本当です。

本当に自分で言うのもなんですけど、相当考えてきたし、相当調べてきたので（『日本改革原案』に書いた）政策の要諦はちょっとやそっとではビクともしない。7年前に出た本ですし、時代の変化にあわせて社会保障や税制の面などで細かい数値の微修正が必要かなと思うところはありますが、基本的には、どこから突《つっ》かれても、どこから覗かれても矛盾や綻びがないんですよ。体系が出来上がりすぎているので。その点は自信があります。

――わかりました。小川さんがそう主張する政策を、より詳細に見ていきましょう。

次の表1は、前掲書『日本改革原案』の中にある「国家構造抜本改革基本法案大綱」というページから具体的な政策の個所を一部抜粋したものです。政策の４つの軸である①**「生涯現役」**②**「列島開放」**③**「環境革命」**④**「国際社会の変革」**の順番で一つずつ、概要を説明いただけますか。

表1　国家構造抜本改革基本法案大綱（２０１４年当時の内容に一部加筆修整）

総論
一　超長寿社会にふさわしい生涯現役社会の構築
一　人口減少局面で日本列島を開放し活力を維持増進
一　化石燃料と原子力に依存した文明を見直し持続可能性を回復
一　日本が世界のモデルとなって世界の変革を主導
生涯現役
一　定年制の廃止

一　年功賃金から能力別賃金に移行。多様な雇用形態と雇用の流動化促進
一　退職金優遇税制は10年かけて段階的に廃止
一　社会保障を統合し、年齢区分を廃止、窓口負担は能力別に
一　給付は最低保障に特化し、それを上回る部分は整理縮小、総給付費は2割合理化（★）
一　財源は全世代型負担とし消費税率は減税後、長期的にはまず25％まで安定的に引き上げ。現役世代と事業主の社会保険料負担を引き下げ（★）
一　相続課税に際し社会保障給付費と保険料の差額を社会に還元

列島開放

一　世界の国々からの訪日のハードルを引き下げ
一　国際空港・港湾の利用料の引き下げと利用促進
一　民間の知恵と努力を引き出す徹底した規制緩和
一　法人減税による国内企業の競争力強化と外国企業の誘致（★）
一　希望する中学生から大学生の国費による国民皆留学を実現
一　国際的に開かれた街づくり、インフラ整備
一　宇宙やエネルギーなど世界を牽引する技術開発に積極的に投資

環境革命
一　環境税の引き上げを財源とする再生可能エネルギーの導入促進
一　蓄電池やスマートシティなど次世代を先取るインフラ整備に投資し、世界に先駆けて持続可能性を回復
一　核融合エネルギーの利活用の可能性について研究開発
国際社会の変革
一　国際公益を考える政府部門を設置し、国際社会の変革をリード

注：社会情勢の変化のため、（★）の3ヵ所については2021年5月現在再検討を行っている

消費税率は減税後、長期的にはまず25％の引き上げを議論する

小川　わかりました。

まずは①の「生涯現役」構想ですね。これはすでにお話ししてきたこととも関連しますが、日本という国はすでに壮年期・初老期を迎えています。田中角栄さんの

『日本列島改造論』（日刊工業新聞社）が世に出た1972年の国民の平均年齢は32歳。小沢一郎さんの『日本改造計画』（講談社）が出版された1993年では39歳でした。それが『日本改革原案』を出した2014年には46歳、2050年には53歳に達するとされています。高齢化率（総人口に占める65歳以上の割合）は今後40年ほどの間に25％から40％にまで急上昇を続けます。

この急激な人口構造変化の時代を日本が乗り越えるためには、何よりもまず、持続可能な社会保障制度を根本から再構築すると同時に、意欲のある人々が社会に参加するための雇用制度、雇用環境を抜本的に整備する必要があります。ここが最大の難所であり、すべての課題の本丸と言ってもいいと思っています。複雑な話を省くとポイントは2点に集約されます。

❶社会保障の無償化やベーシックインカムの導入などを実現するために、消費税率を減税後、長期的には25％まで引き上げる（ただし、さらなる負担と給付の上積みを現在検討中）

❷2050年までに、定年などの年齢差別を撤廃し、「生涯現役」時代を支える社会・雇用制度を用意する

より具体的な内容は『日本改革原案』に書きましたが、簡単に触れておきます。

❶については、基礎年金の最低保障額を大幅に増額するなど、年金を本当に必要とする人には手厚くする。一方で、生涯現役世代を増やし、自前で一定の収入を得られる高齢者の方は、収入次第で年金支給額を減額・調整させていただくことで、総額で2割程度の圧縮を目指す。厚生年金や共済年金、いわゆる「二階建て」の部分については、基礎年金を「自前の収入」に含めることで調整し、こちらも2割の圧縮を進める。また、現在179兆円ほどある年金積立金を計画的に取り崩すことで大改革に伴うショックの緩和を行うといった内容です。同時に、消費税率を25％まで引き上げる、という案も提示しています。

——えーっ、25％？　そんなに高くては誰も受け容れないと思いますけど。

小川　消費税25％というと驚かれる方も多いと思いますが、最終的には社会保障の無償化や、後述するベーシックインカムの実現を目指すためのものです。もちろん、これほどの転換を一度に推し進めることは困難でしょうから、新制度への移行期間を設けるなど、一定の期間をおいて段階を踏む必要はありますが、脱成長時代を生き抜く、日本が持続するためにはどうしても行わなければならない改革です。

「人生のチェックアウト」という概念の導入

小川　❷は、簡潔に言えば「労働市場の変革」です。定年制をはじめとする、時代にあわない諸制度を廃止・修正し、働きたい人はずっと働き続けられるようにする。定年制が廃止されれば、年功序列の賃金体系も変わるし、人生設計の在り方ももっと多様化する。同様に、新卒一括採用、終身雇用、縦割りの社会保障制度、退職金優遇税制など、雇用格差を生じさせる制度を一つずつ丁寧に是正していくことで、正規・非正規間の問題なども解消していく。

男女間の雇用格差是正も重要です。年金の３号被保険者の仕組みや所得税、社会保険料の「１０３万円」「１３０万円」の壁や配偶者控除など、女性の専業主婦化を誘導してきた制度を是正していく必要もあるでしょう。

大変センシティブな話になりますが、「人生のチェックアウト」といった考え方も必要だと思います。人生を終えるにあたり、支給された社会保障給付の総額のうち、自らが支払った保険料を超える部分は相続課税の際に社会に還元し、国に戻していただくような仕組みです。大変難しいテーマですが、今後は終末医療の課題や死生観なども含めて国民全体で議論する、そんな時代が来ているように思います。

――ご提案が、いずれも持続可能な社会のために必要だというのは理解できますが、大きな議論を呼びそうです。また、どれ一つとっても、相当大きな改革だと思いますが、そんなにたくさんのことを一度にできるものでしょうか？

小川　疑問に思われるのはよくわかりますが、❶と❷はセットで行わなければ意味を成しません。どちらか一方だけでは社会は維持できないでしょう。

――わかりました。そうした疑問点は、後でまとめてお聞きするとして、先に進めましょう。続いて、②の「列島開放」の構想についてお願いします。

労働環境も教育環境も柔軟化していく

小川　今から100年後には人口が半減するという予測もあるほど、日本の人口減少は急速に進みます。そのような厳しい時代にあって、日本が生き残る道は、国としての価値、国民の価値を高めていくしかありません。こちらのポイントも大きく分

ける と次の2点に集約されます。

❶外国にとって日本を魅力的な存在にするインフラやサービスの整備＝「外への開放」

❷次世代の育成を主眼とした教育やベーシックインカムを実現する「内なる解放」

この2点です。

要約すれば、❶は、ヒト・モノ・カネ・情報の風通しを良くすることで、外需50％の「真に世界に開かれた国」を目指すというものです。まずは空港や港湾など、海外と日本との窓口・出入り口を整備する。旅客の空港利用料、飛行機の着陸料、船舶の港湾使用料なども思い切って引き下げることで、アジアのハブとしての役割を活性化させる。ただし、すべての空港・港湾を整備するのはコスト的にも不可能なので、ここでも議論の上での徹底した絞り込みが必要になると思います。

外国人の方々の定住、つまり「移民」も大きなテーマになるでしょう。外国人と共存することへの不安や違和感をおぼえる方もまだまだ多いと思います。欧米では移民排斥運動や極右政党の台頭など、移民に関する社会問題も露呈しています。しかし、やはり「日本の持続可能性」を徹底的に論じ詰めると、日本の魅力を高め、有為な外国人の方々に日本での生活を選択してもらい、彼らと共存共栄を図る以外に日本が生き残る道はないと思います。

❷の「内なる解放」、今度は「開放」ではなく「解放」です。先述した雇用改革や金融市場改革を行うことで時代に合わせた柔構造の社会を目指します。同時に、教育課程の柔軟化やベーシックインカムの導入などによって流動性の高い社会に変えていく。この点も議論が必要だと思いますが、私は、数々の法律や規制によって硬直化した現在の雇用市場はもっと流動化させていくべきだと考えています。一定の条件のもとで、企業が採用・解雇を自由にできるような規制緩和も必要だと思います。もちろん、しっかりした失業給付や新産業への移転支援など、十分なセーフティネットの構築とセットで行う必要があります。

そのほかにも、中小企業にとって重荷になっている社会保険料の負担を軽減する、あるいは、保証人や担保物件重視の金融慣行を見直す、など、大胆な施策も検討されるべきでしょう。「生涯現役」の項目で述べた労働市場変革（雇用環境の改革）と、ここで述べた企業環境の改革をセットで行うという点が重要です。

教育のほうも柔軟化が必要だと思います。これまでのような「たった一つの正解を求める教育」から「解が一つではない、むしろ課題そのものを自ら設定する教育」への転換、あるいは、社会人が再び大学・大学院に戻って学べるような、いわゆる生涯学習や、高等教育の無償化など、さまざまな選択肢を用意・準備し、自分のペースに応じて柔軟な道を選択できるように教育環境をもっと整備すべきです。

「内なる解放」、社会の流動性を高めるための手段として、ベーシックインカムにも私は早くから注目していました。年金や生活保護のような支給の条件を一切つけず、すべての人々に一定の給付を行い、生存を保障するという考え方です。ベーシックインカムを実現する際には、年金や生活保護との統合、行政コストの削減とセットで行うといった議論も必要になるかもしれません。極端な例ですが、現在支給されている年金は総額で年間約56兆円ほどです。これを原資にすれば、世代を問わず、国民一人当たり数万円程度の支給が可能となる計算です。

こうした「外への開放」「内なる解放」を組み合わせ、グローバル化した経済と、日常生活を支えるローカルな基盤のバランスをとると同時に、お金だけが幅を利かせる社会から、人間同士がつながりをもてるコミュニティの再構築を目指すべきだと思います。日本がそのように変わっていけば、人口減少をもっとおおらかに受け止められる社会になるのではないかと思います。

低成長時代の文化論

――「おおらかに」っていうのには違和感があります。本の中で小川さんは「国家の壮年期と闘う」と言っている。ここまで国の形を大きく変える、変えなければいけないというのは、私も「闘い」だと思いますよ。「おおらかに」なんて構えていられないのでは、と思ってしまいますけどね。

小川　人口減少を「おおらかに」受け止める、というのは、つまり、おおらかに受け止められないと、「無理やりにでも人を増やしていこう」という政策に結びついてしまうということなんです。たとえば、1組のご夫婦がいて、うちは子供が3人ほしいとか、個々の子育てに対する希望や展望は大いに社会としても支援すべきだし、政府がその環境を整えるべきだと思います。しかしかたや、国力維持のために1億2000万人を維持しなくてはいけないとか、産めよ増やせよと政府が奨励するとか、いわゆる「国力の観点から議論される少子化対策」というものには私は否定的な立場です。その意味で、この人口減はむしろ将来の持続可能性の回復に向けた前向きな意味すらあるんだ、というくらいおおらかに受け止めましょうという意味です。

――なるほど。失礼しました。国力の観点から人口減少を論じるのはおかしい、というのは私も同感です。それでも私は、やはり「人口減少」と聞くと、かなり暗い気持ちになります。これから人も減って、経済も活気を失って、国も何から何までダウンサイジングしてしまって、もうどうしたらいいんだろう、みたいな……。

小川　ちょっと唐突かもしれませんが、江戸時代の文化の話をさせてください。

江戸時代前期は天下泰平が訪れて新田開発が進みます。米の増産と経済成長によって1000万人ほどだった人口が3000万人にまで急増しました。その景気の良かった時代に誕生したのが17世紀後半から18世紀初頭にかけて花開いた元禄文化です。ご承知のように元禄文化は派手です。上方の豪商を中心に、お金をかけた絢爛豪華なものが流行った。これは成長期に独特な文化だと思います。戦後にも、高度経済成長の直後に「昭和元禄」などと呼ばれた時代もありました。

――たしかにバブルの時代もド派手なものが流行りましたね。

小川　その後、徳川吉宗が登場して享保の改革を行います。質素倹約を奨励したり、目安箱を置いて人々の声に耳を傾けたり、貨幣の価値を下げて米価を安定させようとしたりしました。実は、この時代は人口が高止まりして米の値段が下がった、要はデフレーションが起こったのですが、吉宗は政治改革・行政改革・金融緩和を行った。つまり、我々の時代と同じようなことを農耕社会なりに行っていたわけです。

それで、この後、18世紀後半から19世紀前半にかけて化政文化の時代に移ります。江戸の庶民が中心となって、ささやかで質素ながらも、何気ない日常の中に楽しみを見つける、「わびさび」を感じるような文化です。

私は思うんです。右肩上がりで、モノがあふれるほど豊かな時代は、人間の感性や好みは即物的な方向に流れるし、その刺激を求める。ところが、物質的な豊かさの恩恵にあずかれない低成長の時代に入ると、柳の木が揺れて美しいとか、朝起きたら紅葉が赤くなっていたとか、虫の音が心地よいとか、ささやかなことに喜びを見出す方向に変わるんです。幸せの総量は減らしたくない。だから、何に幸せを見つけるかは自分次第、自分の脳次第なんですね。昔はマイカー、マイホームを人々がこぞって追い求めた時代。これからは家も車もシェアしようという時代です。喜びの質的転換が起こり、それは文化的に大きな影響を与えるはずです。同時に、それは持続可能性に対する地球上の資源管理を極限まで高め、効率化させる大きな貢献につながる。下り坂、ダウンサイジングの時代を前向きに転換していく知恵や能力を人間は持っているはずだと思います。

——小川さんて……なんか、雰囲気が「政治家」っぽくないですね。仕事柄、政治家に会って話を聞くこともありますが、こんな話はまず出ませんね。

小川　僕が高校生のころバブルの絶頂期でした。大学在学中にバブルが弾け、その後官僚になったので、社会人としては一度も本格的な好景気の時代を知りません。前原（誠司）さんや、枝野（幸男）さんの世代と僕らの世代の最大の違いはそこなんです。つまり、上昇曲線の時代を知っているか、知らないか。だから、僕らの世代は将来に対しても非常にシビアな見方をしているし、今の日本がやるべきことは何なのか、やれてないじゃないかという葛藤を抱えて生きてきた世代なんです。だから、前原さん、枝野さん世代と話をしているとずいぶんと……。

——ぬるい？　手ぬるい？　生ぬるい？

小川　……少し楽観的すぎるんじゃないかと思うことはありますね。

——小川さんと同世代の政治家は、同じような思いを共有しているんでしょうか。

小川　永田町には正直少ない。むしろ外の環境活動家みたいな人とか、そっちの方《かた》のほうが僕は話が合います。永田町にいる人は総じて野心家が多いし、精神構造がマッチョというか、成長とか、お金とか、権力とか、そっちの側に振れている人のほうが相対的には多い感じがしますね。

――永田町は肉食系なんですね。

小川　だから（今の永田町は）時代と合わないんです。僕も永田町と合わないかも（笑）。

エネルギーも持続可能性を目指すべき

――途中になってしまいましたが、4つの政策の軸のうち、③の「環境革命」と④の「国際社会の変革」について簡単にお話しいただけますか。

小川　はい。環境革命については❶太陽光の活用、❷環境税の引き上げ、❸原発からの卒業の3点を中心に主張しています。大雑把に言うと、石油や石炭のような、人間の豊かな暮らしを支えてきた化石燃料は、過去の太陽エネルギーが動植物の形で固定化されて変質したものであって、言ってみれば太陽エネルギーのストックのようなものです。しかし、誰もが気付いているように、化石燃料という有限のストックを取り崩す文明には、もはや持続可能性はないわけです。貯金を食いつぶすだけの生活がいつか破綻するのと同じ理屈です。ですから、人間はエネルギーの面でもライフスタイルや価値観を大きく変えていく必要があります。具体的にはすべてのエネルギーの源でもある太陽光をもっと有効に活用すべく、政治はあらゆる政策資源を投入すべきです。これは決して夢物語ではありません。

２００３年まで、日本は世界一の太陽光発電国でしたが、時の小泉純一郎政権の手によって太陽光発電の補助金が打ち切られたこともあり、ドイツに抜かれてしまいました。現在日本は中国・アメリカについで世界第３位です。新築住宅にはソーラーパネルの設置を義務付ける、過疎地や遊休地に大量のパネルを設置して有効活用を図るなど、思い切った政策が必要です。

また、そうした政策を進めるために、化石燃料への課税強化が必要になってくるように思われます。要するに再生可能エネルギーの普及拡大を進める一方で、化石燃料の使用を抑制し、エネルギー構造の転換につなげるような方向が望ましいということです。電気自動車は「ガソリン車に比べてパワーが出ない」「走行距離が短い」などという批判がありますが、欧州やアメリカ、中国で相次いで「ガソリン車撤廃」の方向性が示されると、日本でも一気に「電気自動車化」の流れができました。世界の人々が本気になれば、未来は変えることができるはずですよ。

日本が抱える多くの課題は世界とつながっている

小川　原子力発電については、長期的には原発に依存しない社会を構築するのが、次世代に向けた責任だと思っています。もし、ここまで私がお話しした政策についてご興味をもっていただけるならば、ぜひ『日本改革原案』をお読みいただけたらと思います。２０１４年出版なので少しアップデートしたほうがいいかなと思う個所もあるんですが……。

――でも小川さん、あの本、もう書店では売ってませんよ、古本としてもほとんど流通していません。アマゾンで出品されていても高値がついています。仕方ないから私も会社の図書館にあった本をコピーして読んだぐらいですから。

小川　申し訳ありません。もう少し刷り増ししてもらえないか、出版社さんと交渉しておりまして……。

――あ、すみません。そこは小川さんが謝るところではありませんね……。最後の「国際社会の変革」についても簡単にお願いします。ただ、なんで日本の政治家がいきなり国際社会の変革を構想として掲げるのかという気もしますけど……。

小川　……ここまでお話ししてきましたが、なにか気付きませんか？

――え？

小川　いえ、つまりですね、いまの日本が抱えている問題の多くは国境の外からやってきているし、影響は世界へと波及していくわけです。エネルギーの問題や環境問題、あるいは経済や国際金融、移民、タックスヘイブン、そしてもちろん新型コロナウイルスへの対応やワクチンの供給にいたるまで。

――なるほど、そういえば……。

小川　すべての国は、国境内の政治機構しか持たず、こうした世界的な課題に有効に対処できていません。国際連合のような機関はありますが、世界の課題を解決するには現行の機関は脆弱《ぜいじゃく》であると言わざるをえません。問題の発生と解決の枠組みが乖離《かいり》してしまい、各国の政治が機能不全に陥り、国民の閉塞感や政治の不信につながっている。世界はグローバル化しているのに、政治だけローカルなままなんです。

WHATはわかった。今度はHOWを聞きたい

――ちょっと待ってください。言ってることは「なるほど」と思いますけど、いくらなんでもスケールを大きくしすぎではありませんか？　日本の政治家が言う話なんでしょうか……というより、小川さんは日本の政治家ですよ。そんなこと言って何をするつもりですか？　日本だけじゃなくて、世界まで改革するつもりですか？

小川　アメリカの社会学者ダニエル・ベルの言葉に「国民国家は大きな問題の解決には小さすぎ、小さな問題の解決には大きすぎる」というものがあります。

　ちょっと理念っぽい話になりますが、私は、これからの21世紀の世界というのは、人類にとって普遍的な、つまり世界全体で対処すべき問題については、機能の強化された国際機構が扱い、そして、地域の個性が問われるような課題は地方の自治政府が扱うような、そんな時代になると考えています。環境やエネルギー、安全保障といった普遍的なルール作りは国際機関。教育や福祉、雇用、地域経済、芸術

文化などは地域の政府が――というイメージです。

やはり具体的には国際連合の機能強化・改革が必要だと思っています。第二次大戦の戦勝国を中心とした枠組みの国連・安全保障理事会の見直しは必要でしょうし、ＥＵの制度を参考にして、通常の国連総会の機能や権限を拡大させた「国際連合議会」のような仕組みが必要になってくるかも……。

――（話を遮《さえぎ》るように）小川さん……ありがとうございました。ただ、ちょっとここで一言いわせてください。私は今まで貴方《あなた》の話をずっと聞いていて、所々では、たしかに「そのとおりだ」と思った話が多かった。公約のとおりになったら日本はとってもいい国になるような気がする。そこは認める。貴方が目指すような国になってもらいたいと心から思う。

でもね、同時に、あまりに画餅《がべい》すぎるんじゃないかとも思いましたよ。だって、そうでしょう。社会保障改革でも、雇用改革でも、高等教育無償化でも原発からの卒業でも、そのうちのどれか一つを実現させただけでも、今日の日本にとっては革命みたいなもんですよ。今まで多くの政治家や政権が挑戦してもなかなかできなかったことを全部リストに掲げて、いっぺんに全部やりましょう、と言っているようなもんです。つまり、お説はごもっともだが、そんなこと本当にできるのか、って思っちゃうんですよ。ましてや国連改革なんて言われても……。

小川さんの政策、ＷＨＡＴはだいたいわかりました。だけどそれだけじゃあ信じられない。今度はＨＯＷを教えてくれませんか。つまり、今まで掲げたような政策を、どうやって実行に移していくおつもりですか。そのビジョンがあるならばぜひ教えていただきたい。なかったら、やっぱりこんなものはいくら並べたところで画餅だと私は思います。貴方の政策を想起する力は素晴らしいとは思う。でも、実現できなきゃただの夢だ。夢を語るのはいいけど、夢だけでは、私はもちろん、国民が貴方を信用するはずがない。夢だけじゃあ、国民はついていけんのです。

もう一回言います。貴方が総理になったら「何」をやるのかはわかりました。今度は総理になったら、これらの政策を「どうやって」実行するのかを教えてください。

小川　わかりました。たしかにＨＯＷについては、今までメディアなどで発表したことはありませんでした。いい機会です。ぜひお話しさせてください。

（第３章へ続きます）

WHO?

第2章　本当に君は総理大臣になれないのか（前編）

中原一歩

小川淳也（50歳）は遅咲きの政治家だ。これまで6回の衆議院選挙を戦い5回当選しているが、うち4回は比例復活、つまり小選挙区では負けているため、さほど注目を集めるような議員ではなかった。後述する２０１９年の予算委員会での質疑と、２０２０年に公開された映画『なぜ君は総理大臣になれないのか』がなければ、現在もほとんど無名のままだったろう。

民主党政権の時代に総務大臣政務官だったことはあるが、それ以外、目立った党の要職に就いたことはない。同い年で現在は袂《たもと》を分かつことになった細野豪志衆議院議員や、小川と同じ官僚出身で香川県選出の玉木雄一郎・国民民主党代表に比べると、小川が政界で日の目を見ることはほとんどなかったと言ってよい。

２００３年、初めて出馬した時の選挙チラシに32歳だった小川はこう書いた。

〈**変えたい。だから官僚やめた。**

〝政治家〟!?　〝国会議員〟!?　別にそんなものになりたい訳じゃない。

ただただこの国の政治。なんとかしたい。

今までの政治に怒り、憤り、あきらめかけていた、すべての皆様とともに。

このまま行くか。それとも勇気を出して変えるのか。

私たち自身の判断と決断が問われている〉

なんと青臭い言葉だろうか。さらに驚くべきは、かれこれ18年たった今も、小川の青さは健在だ。小川は、「他の政治家には絶対負けないことがある」と言う。「それは、日本という国を思う気持ち」だと。「その気持ちだけは他の政治家には絶対に負けない」と言って憚《はばか》らない。

一部の議員たちからは、揶揄《やゆ》・皮肉・冷笑、そして、わずかな敬意がこもった「修行僧」などという綽名《あだな》で呼ばれている。

統計不正問題とは何か

無名だった小川の名前が突然知られるようになったのは2019年2月。

きっかけは「厚労省統計不正問題」だった。厚生労働省が作成する「毎月勤労統計調査」。これは労働者の名目賃金や実質賃金、労働時間に関する統計調査であり、日本の景気動向を判断する指標であると同時にGDP（国内総生産）などの算出にも使われるきわめて重要な統計となる。ところが厚労省は、本来であれば従業員が500人以上の大規模な事業所については、全数調査すべきところを3分の1しか調べておらず、その補正もなされなかったために算出された賃金が実際よりも低くなってしまった。その結果、この調査をもとに算定される雇用保険の失業給付や労災保険の給付金が本来よりも少なくなってしまったこともわかった。推計では、被害を受けた人々は延べ2000万人、総額は530億円にも上ると言われる。

さらに不可解なのは、厚労省は2018年1月の段階でこの問題を認識しつつも事実を公表せず、2018年以降のデータだけをこっそり修正したために、同年6月の賃金上昇率が3・3%という21年5ヵ月ぶりの〝高水準〟となった点だ。不正調査が行われていた2004年までさかのぼって訂正すれば、そのような極端な上昇はあり得ない。これらの問題は2018年9月の西日本新聞、同年12月の日本経済新聞の報道などによって明らかになったものだ。

「安倍政権は、この統計不正を恣意的に利用し、見せかけの賃金上昇を演出したのではないか」。野党はその点を追及したのだが、その急先鋒として頭角を現したのが小川だったのである。

当時、小川は、立憲民主党の会派（議員のグループ）にこそ名を連ねていたが、実質上は無所属に近い国会議員だった。どこの政党にも属さない議員がテレビで中継され、時の総理大臣に直接質問をぶつけることができる予算委員会の質疑に立つのはほぼ不可能だったが、白羽の矢が立った。立憲民主党の国会対策委員長（当時）だった辻元清美が小川を抜擢したのだ。

「予算委員会はテレビ中継も入るしメディアの関心も高いから、若い議員にとっては自分の名前を売るチャンス。私自身、チャンスを先輩議員から与えてもらってきたという思いがあったので、淳也に声をかけました」（辻元）

統計という専門分野に経験のない議員がうかつに手を出すのは危ない。そう考えていた辻元は、GDPをはじめ、日本の基幹統計を扱う総務省（当時自治省）出身の小川ならば厚労省の統計技官たちとも互角に渡り合えるのではないかと考えた。

2018年12月、辻元から「淳也、頼むで」と声をかけられた小川は内心では狼狽したという。小川はたしかに自治官僚の出身だが、所属していたのは統計とはほぼ無関係の地方自治の部局だった。つまり、辻元の思い込みによって小川は檜舞台に立つチャンスを得たのである。

すぐに気持ちを切り替え、「よし、やってやろうじゃないか」と思い直したのは、テレビで自らをアピールする絶好の機会をふいにしたくなかったからではない。2年以上前のある日、ふと目にした〈統計の手法を変えただけで日本のGDPが跳ね上がった〉という新聞記事が心に引っかかっていたからである。

「GDP20兆円かさ上げ」という疑念

小川の中で引っかかっていた記事——それは次のような内容だった。

〈内閣府がGDPの推計方法を見直すことで、新たな基準年となる2011年の名目GDPが一気に19・8兆円もかさ上げされるという試算値を発表した。これは従来は付加価値を生まない「経費」として扱った研究開発費を付加価値を生む「投資」とみなすなどの変更によってGDPに加算するためだ。この推計方法の見直しによって、対GDP比などで表される日本の借金が見かけ上は圧縮されることになる〉（筆者注・日本経済新聞2016年9月15日付の記事を要約）

2012年に誕生した安倍政権は、その翌年から「三本の矢」「アベノミクス」といった言葉を使い、経済対策に注力するとしていた。大規模な金融政策によって株価や賃金などの数字が上がってくると、アベノミクスの成果を内外に公表し、「202

0年までにはGDP600兆円を達成できる」などと方々で吹聴していた。

「1億総活躍の実現に向けて、私は新しい三本の矢を放ちます。今回の新たな矢には、それぞれ明確な的があります。第一の的は戦後最大のGDP600兆円。これに向かって、これまでの三本の矢を束ね、より強固な希望を生み出す強い経済という第一の矢を放ちます。（中略）アベノミクスによって成長率がマイナスからプラスへと転じた結果、足元で500兆円まで回復しています。ここから、毎年、名目3％以上の成長が実現すれば、2020年頃にはGDP600兆円は十分達成することができます」（2015年11月6日・読売国際経済懇話会にて安倍首相の発言より）

「何かがおかしい。なぜ、このタイミングで政府はGDPの算出方法を改定するんだ？　何か意図があるんじゃないか」

この問題をいつか国会で取り上げたいと小川は常々思っていた。そこへ厚労省の統計不正疑惑が表面化し、小川に質問の機会が回ってきたのである。

そもそも「作り込まれた数字」の例は他にもあった。職場から失踪した技能実習生に関する調査結果の虚偽（2018年11月に発覚）もその一つだ。極めつけは森友学園をめぐる財務省の決裁文書改ざん問題（2018年3月に朝日新聞の報道で発覚）である。

改ざんを指示された官僚が自殺にまで追い込まれる事態に発展した。こうした数字の変更や文書の書き換えはすべて安倍政権の時代に行われている。一連の出来事は厚労省、財務省など省庁を横断的に発生しているが、すべての根はひとつに繫がっているのではないか。つまり、財務省による森友文書の改ざんも、厚労省が行った勤労統計の手法変更や不正も、省庁がそれを行った背景には、安倍政権による隠然たる影響力や、政治的な圧力、あるいは省庁による政権への忖度《そんたく》があったのではないだろうか。

「俺が官僚だった時代には、こうした統計指標や公文書の〝書き換え〟など絶対にありえなかった。政治家と官僚との関係が微妙に変化している。俺たちの知らないところで何かが起こっているんだ」

小川は質問によってその点を明らかにできないかと考え始めたのだった。

「統計の精度を上げろ」

辻元に声をかけられてからほぼ1ヵ月、小川は永田町の衆議院第二議員会館10階にある事務所に毎日閉じこもり、集められるだけのデータを片っ端から読み漁った。

総理大臣や国務大臣と一対一で直接対峙できる予算委員会は、質問する側の政治家にとっては見せ場である。通常はテレビで全国に中継もされる。それゆえにプレッシャーも並大抵ではない。小川も例外ではなかった。普段は穏やかな性格の小川だが、質疑の日が近づくにつれ、口数が減り、不愛想になった。

小川事務所では予算委員会での質問作りは、小川と主に政策担当秘書の坂本広明の二人で行うのだが、どんなに時間をかけても「統計」への疑念を暴こうとする今回の質問作りは難航した。統計は地味でわかりにくく、非常に難解な分野だ。関係資料を読み込むだけでもかなりの根気がいる。専門の技官が巧妙に作りあげた統計指標の欠陥を突けるのか、素人同然の小川には確証はなかった。だが、官僚だった小川には官僚がやりそうな小手先の小細工については鼻がきいた。なぜ、数字そのものではなく統計の手法自体が変わったのか。厚労省が勤労統計の調査手法を変更したのは、実に70年ぶりのことだった。

厚労省が統計手法の見直しを議論したのは2015年の10月である。その直前の9月には、安倍首相が自民党総裁として再選を果たしている。そして、その直後の11月には、前述した「2020年までにGDP600兆円」発言が出てくる。安倍首相は後の国会答弁で、統計手法が変更されること自体は知っていた事実を明らかにしている。

翌2016年には、政府の成長戦略の一環として堂々と「統計改革」が掲げられた。技術論に過ぎないはずの統計の「改革」が、オリンピックやTPP、国土強靱《きょうじん》化と並び、成長戦略のひとつに並べられること自体、違和感が拭えない。だが実際、安倍政権は菅義偉官房長官（現首相）を議長とする「統計改革推進会議」を設置する。その目的は「政治主導の統計改革」だった。

本来、客観的であるべき統計に対し、時の総理が自ら「統計改革」の旗を振った。〈政府全体における証拠に基づく政策立案の定着、国民のニーズへの対応等の観点から、抜本的な統計改革及び一体的な統計システムの整備等を政府が一体となって強力に推進するために必要な検討を行う〉などと謳《うた》ってはいるが、資料をいくら読み込んでも、統計を「改革」する合理的な理由がはっきりしない。やはり違和感が残った。

そんなある日のこと、小川は一つの事実にたどり着く。厚労省の担当者が統計の調査手法を変更する2015年10月に開催された経済財政諮問会議で、財務大臣の麻生太郎が「統計の精度を上げろ」という趣旨の発言を行っていたのである。それはあたかも、勤労統計や家計調査など、数値が下振れすることに文句をつけているようにも解釈できた。この時、小川は直観したという。

「この『精度を上げろ』というのは、官僚に対して『良い数字を出してこい』という無言の圧力なのではないか」

小川にはこの財務大臣の発言に忖度《そんたく》する役人の姿が目に浮かんだ。

当時の安倍政権は「モリカケ」事件をはじめ不祥事続きだった。それでも支持率が高止まりしていたのは「経済は堅調」というイメージであり、アベノミクスという言葉はその象徴だった。安倍首相の「GDP600兆円」と軌を一にするように突然20兆円近くもGDPが引き上げられる不可思議、賃金上昇率がデータの修正によって高水準になる不可解、自殺者まで出してしまった財務省決裁文書改ざん問題の謎——これらが小川の中では一本の線でつながったような気がした。

安倍政権時代の2014年5月、政治主導という名のもとに、国家公務員幹部職の人事を行う「内閣人事局」が創設された。高級官僚の人事権を掌握したことにより、政権は自らの意向をちらつかせるだけで「政治家に忖度しすぎる官僚」は確実に増えた。安倍政権の下で発生した数々の疑惑や不正は、こうした官僚たちの忖度があったからこそ起きたのではないか、そう考えると、かつて自分も官僚だった小川にはやりきれない思いが残った。

「いざ出世や保身を前にすると、上意下達の組織の中では何でもやってしまう。数字そのものを改ざんすれば、すぐにバレる。だから『虚偽ではない範囲で統計の調査手法に手を入れれば可能です』と政治家の暗黙のリクエストにも応じてしまう。悪質なのは政権側ですが、その悪意を成立させてしまう知恵は官僚側にあるわけです」

麻生財務大臣との対決

こうして迎えた2019年2月4日の予算委員会。立憲民主党の3番手として質問に立った小川はまず、2018年の急激な賃金上昇率は、アベノミクスの成果をことさら強調する意図が政府側にあったのではないかと牽制することから始まった。この日、小川は厚労省のシステム改修が始まった2018年の時点で統計室長だった人物を参考人として出席させるよう求めていた。厚労省が政府に提出した中間報告の中に、この室長が急な変更に気づいて上司に相談していたという一文があったためだ。だが、「調整がつかなかった」という理由から、予算委員会を取り仕切る野田聖子委員長（当時）に却下されている。

その後、小川は安倍総理に「賃金上昇率3・3％」について思うところはないかと尋ねた上で、いよいよ麻生大臣への質問を開始した。

小川　「わざわざ10月の経済財政諮問会議で、勤労統計を名指しして、おかしいから見直せと言っていますね。一体これは、財務大臣、何の権限に基づいて統計にここまで具体的に示唆しているんですか」

名指しされた麻生財務大臣はこうはぐらかす。

麻生大臣　「勤労統計というのか、毎月勤労統計、いろいろありますけれども、こういったようなものは、私ども財政をいろいろやっていく上において正確な基礎統計というものが出ていないと話になりませんから、そういったものをきちんとやってもらいたいというものの中の一つで、（中略）この勤労統計の中においても、いわゆるサンプルのあれがえらく動くというのを毎年よく言われている、今までもよく言われている話なんで、こういった話をして、精度の向上に向けて取決めでやってもらいたいという話をしたのであって、これを私どもが、財務省からこれを言ってくださいと言われたような記憶はありません」

はからずも麻生大臣自ら「精度の向上に向けて取り決めでやってもらいたい」と、自身の「精度を上げろ」発言について認めた形となった。いよいよ核心である。小川は、経済財政諮問会議の時に財務省が提出した資料を示した上で麻生財務大臣に質した。

小川　「極めて政治的な意図が裏に隠れているんじゃないですか。精度を高めろ、正しい統計を出せと表では言いながら、裏では、数字を上げろ、いい数字を出せと暗に政治的圧力をかけているんじゃありませんか」

麻生大臣　「役所におられたらおわかりと思いますけれども、圧力をかけたら数字が上がるものでしょうか」

これまで国会の場で何度となく麻生財務大臣と渡り合ってきた小川は、その印象を意外にも「チャーミングな人です」と評する。

「たとえば、私が質疑を前に早々と第一委員室で待機していると、麻生さんは余裕綽々で、のっしのっしとした足取りで後から現れるんです。そして、通りすがりに私の顔を見て、ニタッと笑ってこう呟《つぶや》くんです。『嫌な人がいるな』。そういう芸ができる人なんです。永田町では『半径1・5メートルの男』と呼ばれています。1・5メートル以内に近づくとチャーミングでとても楽しい人。それは間違いない。だからこそ要注意人物なんです」

麻生のように人を惹きつける「芸」を持つ政治家は今の野党にはなかなかいない。

大したものですよ——そう小川は言う。だが、この時の予算委員会で麻生が「圧力をかけたら数字が上がるものでしょうか」と答弁した直後、議場の自民党席からは笑い声が漏れた。ほぼ無名に等しい野党議員が総理大臣も経験した大重鎮に真っ正面から喧嘩を売った格好になったからだ。本質を突かれると本筋とは関係のない文脈で高圧的な態度をとりつつ煙に巻く。世に言う「麻生節」である。多くの議員がこの麻生節をかわそうと必死に食らいつくが、たいていは言葉が続かない。だが、そんな麻生節に小川は返す刀で毅然と言い放った。

小川　「役所にいたから聞いているんですよ。ちょっと、この政権は公文書を書き換えさせていますからね。それは具体的に指示したんですか。指示していないのに何でやるんですか、官僚がそんなことを、追い詰められて。そういう政権なんですよ。そういう体質を持った政権なんだ。その前提でこの数字について聞いているわけです」

国民は「正直で信頼できる政治」を求めている

この「この政権は公文書を書き換えさせていますからね」という一言は、問題の本質を突いていた。その瞬間、議場に待機していた報道陣が小川めがけて一斉にシャッターを切った。このシーンはその日のうちにテレビでも繰り返し報道され、全国に小川淳也という名前のテロップが流れた。やがて、それに呼応するようにして、新聞やネットメディアが挙《こぞ》って「こんな政治家がいたのか」と多少の驚きと共に小川を取り上げはじめる。後に小川は「統計王子」の異名で呼ばれるようになる。その端緒となった小川の質疑は、ユーチューブなどで今も見ることができるが、すでに3万回、再生されている。

結局、この攻防は政権側に軍配が上がった。小川が追及した疑惑がそれ以上広がることはなかった。それでも質問の意義はあったと小川自身は考えている。

改めて今、この動画を眺めてみる。小川の存在が際立ったのは、権力を持つ強者に対し、怯むことなく敢然と立ち向かう姿が、自然と人々の心を打ったからだろう。

フィクションの世界はどんな巨悪であろうと最後は正義に打ち負かされる筋書だが、現実の政治はなかなかそうはいかない。「森友・加計」問題にしても、公文書改ざんの証拠は出た。野党も連日、追及を行った。メディアも同じだ。しかし本来、責任をとるべき政治家は誰一人として責任を問われなかった。この事件では官僚が一人、自殺に追い込まれているが、それでも政治は変わらなかったのだ。

そうした有権者の「あきらめ」が政権の傲慢な態度を助長した。日本の社会を政治不信という重苦しい空気が支配した。そんな停滞した空気をよそに、冷静にファクトに基づいた緻密な質問で政治権力の側を追い詰めていく小川の姿は新鮮に映った。

ほかならぬ小川自身、この反響を驚きと共に受けとめていた。だが、「統計王子」などと呼ばれても、当の小川はどこか他人事のようだった。自分は特別なことはしていないのだ。いつもと同じように、質問を準備し、質疑では同じように振る舞った。地位や名誉に疎く、出世とは無縁だった小川が初めて日の目を見た瞬間だった。ただ、事務所に次々と舞い込む反響には身が引き締まる思いがしたと振り返る。

「国民は、誠実で本質をごまかさない、正直で信頼に足る政治を求めているということです。この国会質疑を通じ、私自身の思いはゆるぎない確信に変わりました」

結局、この質疑を皮切りに小川は1ヵ月の間で8回、予算委員会の質疑に立った。そのうちの6回はテレビで生中継された。極めて異例である。もっと喜んでもよさそうなものなのに、浮かれるどころか、自らを戒め、律しようとしているように映る。ストイックささえ感じさせるその姿は、まさに綽名のとおり「修行僧」のようである。

「本物の仕事をするためには、自己規律が基本だと思っています。僕は目立つことも得意ではないし、地面の上を実直に這《は》うことくらいしか取り柄はありませんから」

司馬遼太郎の愛読者でもある小川は、代表作の一つである『峠』の一節をしばしば好んで引用する。

〈志は塩のように溶けやすい。男子の生涯の苦渋というものはその志の高さをいかにまもりぬくかというところにあり、それをまもりぬく工夫は格別なものではなく、日常茶飯の自己規律にある（中略）息の吸い方、息の吐き方、酒ののみ方、あそび方、ふざけ方、すべてがその志をまもるがための工夫によってつらぬかれておらねばならぬ〉

この言葉は他ならぬ自分自身への戒めだ。やはり修行僧なのだ。

家族の肖像

1971年（昭和46年）、香川県高松市の長閑《のどか》な田園地帯に小川は生まれた。自らを「パーマ屋の倅《せがれ》」と称するように、両親は高松市内で小さな美容室を経営している。

小川の人生に大きな影響を与えたのが、1948年（昭和23年）生まれの父・雅弘だ。讃岐弁の「へんこつ」を絵に描いたような頑固者で、正義感が強く、曲がったことが大嫌い。雅弘のひとつ年下の母・絹代はいつも明るく温和な性格だった。小川は3人兄弟。ひとつ下に妹、7つ離れて弟がいる。

母の代から髪結いを生業としてきた絹代は、起用な手先と確かな技術が地域で評判だった。算盤をはじいて経営全般の面倒をみるのは雅弘の仕事。そもそも、雅弘は後に淳也も進学する香川県有数の進学校「高松高校（通称たかこう）」を経て、香川大学経済学部へ入学。卒業後は外資系企業の東京支店への就職が内定していた。

しかし、学生結婚していた絹代が「私は東京にはついてゆけん」と言うので、雅弘は上京を断念した経緯がある。大学の計らいで地元高松では名の知れた繊維問屋の営業職として就職するも、半年も経たないうちに社長と口論になって退社。自ら民間金融機関から借金し、美容室の前身となる化粧品店を出店・起業する。

「売り物の化粧品を買うために100万円の融資を受けました。店舗は借りることができたのですが、内装までは手が回らなかった。最初の店の内装は自分で大工仕事をして体裁を整えたんです。淳也が生まれたのはこの年でした」

借金を返す間もなく雅弘は追加で300万円を借金。店の2階に美容室をオープンさせた。両親共に働いていたため、物心ついた時から小川は「鍵っ子」だった。小学校時代から妹、弟と協力して洗濯物を取り込み、夕食の準備をするなど家事を分担した。絹代は「淳也には甘えさせてやれんかった」と振り返るが、子育てに関しては全く手のかからない子だった。

「自分のまいた種は自分で」

小川家の教育方針は一風変わっていた。「勉強しろ」と頭ごなしに命令されたことは一度もない。小学校6年生の頃、小川は町中のゲームセンターで遊んでいるところを学校の教諭に見つかり、両親に知られてしまう。ところが雅弘は息子を怒るどころか「そんな些細なことで目くじらを立てるな」と教諭を一喝した。自分の都合で淳也を怒ったことはあったが、他人の都合で息子に文句を言わせることはなかった。徹底して子供の側についたと雅弘は言う。

かと思えばこんなこともあった。

小学校の昼休み、同級生とドッジボールで遊ぼうとした小川は、先に陣地をとっていた別クラスの友人に「どいてくれ」と横柄な態度をとり、無理矢理、その場所を占拠してしまった。

その日の放課後、事件が起こる。怒りが収まらないその友人らが仕返しのために、15人ほど集まって小川の自宅を取り囲んだのだ。自宅には小川と妹だけがいた。恐怖を感じた妹が「お兄ちゃんを助けて」と雅弘に電話で泣きついた。だが、雅弘はその電話を一蹴する。最初は家のカギをかけて立て籠もっていた小川だが、結局カギを開けて外に出た。その日はコテンパンにやられた。

その夜、雅弘は傷だらけの小川に「よくやった」と声をかけ、こう言った。

「自分のまいた種は自分で刈り取れる大人になれ」

後に小川はこの事件を振り返り、人間が生きる上での「掟」のようなものを雅弘にたたき込まれたと回想している。

雅弘の教えは現代の「浪花節」だ。昔気質の義理人情の世界と言ってもいい。

後に小川は地元の進学校から東大法学部、中央官庁の官僚という典型的なエリートコースを歩むことになる。それだけに勉強一筋のスパルタ教育を父親から受けてきたのではないかと思われるかもしれない。だが、小川家では「成績」や「学歴」にあまり重きを置いていなかった。

地元の公立中学に進んだ小川は念願の野球部に入部する。だが、後に修行僧の異名をとるようなストイックな一面はまだ持ち合わせていない。勉強こそ普通にできたが、大好きな野球も中途半端。当時の全国の少年を夢中にさせた伝説の番組『夕やけニャンニャン』（フジテレビ系）とおニャン子クラブにハマったごく普通の中学生だった。

「『今日も夕ニャン見るので練習は休みます』。そう言っては練習をサボりました。たまにグラウンドに行くと、先輩から『久しぶり』と声をかけられたほどです」

そんな小川が「いつか日本を変える仕事がしたい」などと言い出すのは、父の母校でもある高松高校《たかこう》に入ってからだ。雅弘は「努力すれば東大合格にも手が届く」成績だった息子にこう言い聞かせた。

「日本の政治家にはロクなものがいない。官僚が立派だからこの国は良くなったんだ。お前も東大を卒業し、悪い政治家に影響されない立派な官僚になって、この国の役に立つ人間になれ」

当時の日本政界はリクルート事件をはじめ、自民党による金権政治の全盛期だった。賄賂と汚職が横行。政治家は「みんな悪人」。政治に対する不信と嫌悪感が日本中を覆っていた。父の言葉を真に受けた小川は、憧れの野球部に所属しながら東大進学を目指そうと決める。

人生には優先順位がある

高校1年の夏、野球を断念せざるを得なくなるほどの大怪我に見舞われたことがあった。野球部に入って初めての夏合宿での出来事だった。小川は先輩の打撃練習を補佐しようと、バッティングマシンにボールを投入する係をしていた。マシンの前には怪我防止のためのネットが張られている。ネット中央には数十センチほどの穴が開いていて、そこから打者に向けて高速のボールが発射される仕組みだ。小川はそのネットの内側に立っていたが、先輩の打ったボールが、たまたまネットの穴を潜り抜けて小川の左頭部を直撃したのである。

小川は引っくり返ってその場に倒れた。のたうち回った記憶しかなく、意識が朦朧《もうろう》となった。すぐに救急車で病院へ。診断は「頭蓋骨剝離骨折」だった。

「今晩が峠です」

病院にかけつけた両親は主治医にそう告げられた。奇跡的に一命は取り留め、1週間ほどで退院できたものの、夏休みは自宅療養の日々が続いた。追い打ちをかけたのが後遺症だ。左耳が聞こえず、体温調節がうまくいかない。当然ながら、直後に行われた試験の点数は落ち、成績は伸び悩んだ。試練とプレッシャーで血尿が続く日々。この時、初めて小川は「野球を辞めようかな」と思ったという。

そのことを雅弘に伝えた。普通の親であれば、進学を優先して「野球はあきらめろ」と言うかもしれない。しかし、雅弘は違った。

「お前に今しかできんのはみんなとの野球だろう。勉強はいつだってできる。それで東大に行けんかったら行かん方がええ」

小川は「親父には人生の優先順位と始末の付け方をたたき込まれました」と苦笑いをする。だが、雅弘はこの時のやりとりのことを恥ずかしそうに、こう打ち明ける。

「もちろん、そう言ったのは偽らざる本音ですが、実は一日でも多く、淳也の野球の応援に行きたかったんです。自分が高校時代、家が貧しくて、道具にお金がかかる野球部を断念した経験が私にはありましたから」

ロマンスと受験の狭間で

小川の妻の明子は、高校時代の同級生だ。彼女から見た小川の第一印象は「普通の好青年」。初めての模試で「あの人、東大に入れるほど頭が良かったんや」と知った。交際を始めたのは高校3年生の頃だった。後に政治家になるような人物だし、クラスでもそれなりに目立つ存在だったように思われるが、「小川はそうではなかった」と明子は言う。ただ気がつけば、なぜか担任から級長を任されているような存在だった。

結局、小川は高校3年の夏まで野球部の活動を全うする。目標としていた夏の甲子園出場は県大会の最初の予選で敗退。いよいよ大学受験に向けて舵を切ることになるが、この頃、明子は小川と交際を始める。「夏の大会が終わってから」という約束だった。

「受験勉強を理由に断られると思いましたが、意外にも休日は瀬戸内海に浮かぶ小豆《しょうど》島《しま》に遊びに行ったり、図書館に出かけたりするなど（小川は）時間を作ってくれました。野球部で現役合格は無理と言われていましたが、だからこそ、本当に無理かどうか、やってやろうじゃないか、と本人は意地になったんだと思います」

たかこうで3年まで野球を続け、浪人して東大合格を勝ち取った先輩はいたが、現役合格は聞いたことがなかった。

それにしても不思議ではある。「東大」「東大」などと言ってはいるが、肝心の小川本人には東京大学に対する具体的な憧れなどは全くなかった。つまり、学歴に対して全くといっていいほど無頓着だったのだ。

小学校、中学校と学年で成績が1位だった小川は、勉強らしい勉強をほとんどしたことがなかった。だが、高校はそうはいかなかった。小川が野球を続けながら、塾にも通うことなく上位の成績を保つことができたのは「ストイックな精神力」だった。

一度、「東大を目指す」と目標を決めたら、発破をかけた雅弘も舌を巻くほどの集中力を発揮した。高校時代の小川は3年間、毎日、家から学校までの10㎞の道程を自転車で往復した。大会前には朝練、放課後は通常の練習以外に自主練も欠かさなかった。ヘトヘトになって帰宅すると午後9時。そこから食事も後回しでまず勉強。食事の後は当番で家族5人分の皿洗いをし、風呂に入り、また勉強。就寝したかと思うと、翌朝も早起きして授業の予習に余念がなかった。また、試験前になると、両親に自ら頭を下げて「学校まで車で送ってほしい」と懇願。送迎中も単語帳をめくって勉強した。後にそのストイックな性格をさして「修行僧」と呼ばれることになるが、小川の、これだと思ったら食らいつく執念のようなしつこさ、頑固さはこの時代に片鱗を見せ始めている。

ただし、地方のド真面目なエリートだったかと言われると、それもまた違う。

当時、こんなことがあった。自分の成績が県下でどの程度かを知りたい小川にとって「校外模試」は重要だった。家計は火の車だと知ってはいたが、受験生になった1年間は両親に頭を下げて模試に参加していた。ある日、そんな「校外模試」と大事な「野球の試合」とが重なってしまった。どちらも諦めたくない小川は、校外模試を主催する会社に電話をかけ、「どうしても参加したいので、別の日に受けさせてください」としつこく直談判したという。

息子の執拗に粘る姿を、雅弘は半ば呆れた思いで見ていた。

「あなた一人を特別扱いできない、という主催者に対し、ただの高校生が30分以上も食い下がっていた。そのしつこさに負けたのか、特別措置として別日に受けてました」

真面目なイメージばかりが強い小川だが、前述したとおり、受験生なのにちゃっかり同級生と交際を始めるような要領の良さも持ち合わせている。

一筋縄ではいかない人間なのである。

初心を曲げず

高校3年生の頃、小川は自分と同じく難関国立大を目指す友人に、こう語っていた。

「一緒に東大に行って日本を変えよう」

この「日本を変える」とは、父親から「世のため、人のために働く大人になれ」と言われ続けて育った小川にとっては「中央官庁に入って官僚になる」という意味だ。つまり、小川の進路ははっきりとしていた。その一方、自分が後に政治家になるなどと考えたこともなかった。「政治家は悪人、官僚は善人」と信じ切っていたからだ。

世の中はバブルの真っ盛り。社会全体が熱気に満ちて浮かれていた。この頃はまだ「日本を覆う閉塞感」など全くなかった。昨日より今日、今日より明日、日本はよくなると誰もが信じて疑わなかった。

受験は、すんなりいったわけではない。成績は優秀だった小川だが、事前の模試で東大に「A判定」が出たことは一度もなかった。

センター試験（現・大学入学共通テスト）の前日、緊張のあまり発熱した小川は点滴を受けて翌朝会場に向かった。自己採点はギリギリ。二次試験の後期には京都大学を受験する予定だったが、足切りで門前払いをくらう。腹を括った小川は私大は受けず、東大一本でいく決断をする。

合格発表の日、さすがの小川も布団から出ることができなかった。当時、大学からの通知は自宅に郵送されることになっていた。小川以上に緊張していた雅弘は、用事もないのに朝から家の周りをウロウロしていた。やがて届けられた一通の封筒。中身を確認すると「合格」。真っ先に喜んだのは両親だった。

1990年、小川は晴れて東京大学に入学。暮らし慣れた高松を出て上京した。真っ先に驚いたのは周囲にうどん屋がなかったこと。そして誰も方言を話さないことだった。大学生活は至って普通。下宿先は香川県育英会の学生寮。週に一度、学習塾で講師をしながら授業に通った。大学の講義には全く魅力を感じなかったが、単位修得は必須だった。留年してなるものかと膨大な量の課題を割り切ってこなした。成績は学部内でも真ん中程度。週に一度の塾講師のアルバイトで稼いだお金は、高松にいる明子に電話をするためのテレホンカード代に消えた。

無論、官僚になるために国家公務員一種試験（現・国家公務員採用総合職試験）の合格は絶対だった。その意思は変わらなかったが、その志のためにも、小川には学生時代に絶対にやっておきたいことがあった。

「中央官庁に入ってしまうと机上の仕事が多くなるだろうなと思いました。だったら、学生時代は今しかできないことをやろうと考えた。見たことがないものは少ないほうがいい。やったことのないものの少ないほうがいい。そんな心境でした」

小川が選んだのは、川崎にある自動車工場だった。日本の第二次産業を牽引してきた京浜工業地帯の片隅で、工場労働者に交じってエンジンの組み立て作業を手伝った。野球部での経験があったので、体力には自信があったが、それでも初めて見る工場労働の現場は過酷だった。鋳型から取り出したばかりの巨大なエンジンにこびりつく「バリ」と呼ばれる不純物を、防塵マスクをかぶって手作業で取り除くのが小川の仕事だった。吊るしてある数トンのエンジンを次々に掃除していくのだが、常に危険と隣り合わせの現場だった。工場長は作業中の怪我で指がなかった。ある日、その工場長に尋ねられた。

「君は東大生だろう。なんでこんなところで働いているんだ」

小川は馬鹿正直に答えた。

「将来、官僚になります。だから、今しかできない体験を積みたいと思いました」

工場長は、半分呆れ、半分感心したような声でつぶやいた。

「君のお父さんは、立派な人なんだろうな」

「人間社会の機微を学んでいくんだぞ」

夏休みなど長期の休みを利用して、北海道の牧場にも行った。今と違ってネットもなく、何で調べればいいのかわからないために、北海道庁に直接電話をかけて「牧場で働きたいので紹介してほしい」と告げた。数日後、帯広の近くにある農場を紹介してもらった。

「すぐに来て欲しい」という返事をもらったが、お金がなかったので「青春18きっぷ」を使って北海道まで旅をした。面接に出た牧場主は驚いた顔でこう告げた。

「牧場の息子かい?」

「違います。パーマ屋の息子です」

働きたいと思った理由を話すと、心良く受け入れてくれた。

もっとも長く続いたアルバイトは、大学2年生から4年生にかけて勤めた新橋の寿司屋での出前だった。サラリーマンが闊歩する歓楽街に夜のとばりが降りる頃、路地に瞬く赤、青、黄のネオンの光を浴びながら寿司桶を持って自転車で走り回った。主な出前先は雀荘とクラブ。当時の新橋界隈のそれらしい店はほぼ覚えてしまった(もっとも、小川が夜のネオンの世界そのものに入り浸ることはなかった)。

この店の主人からもらった忘れられない一言がある。

「いいか、お前はここで人間社会の機微を学んでいくんだぞ」

機微《きび》——表面だけでは知ることのできない、人間の心の微妙なおもむきや事情——小川は社会の端々で汗水流して働く人々の現場に入り込み、実際に体を動かし、わずかな時間だったが生活を共にした。本人は「意図的ではなかった」と言うが、一次、二次、三次のすべての産業を経験したことになる。

本人にいくら聞いても明確な出来事は出てこないのだが、小川の「日本を良くしたいオタク」心に火がつくのはこの頃からのようだ。今思い返せば、この頃から、電車に揺られている時も、授業に出ている時も、家でぼんやりと物思いにふけっている時も、なぜか「これからの日本」のことを漠然と考えるようになっていた。気がつけば、日本はバブルが崩壊し、後に「失われた30年」と呼ばれる長い経済低迷期のとば口に立っていた。巷にはバブルの残滓が残っていたが、小川はなんとなく、日本はこのまま世俗にまみれた繁栄を謳歌できないような気がしていた。

そして、官僚になったら、その軌道修正が自分の仕事になりそうな予感も——。

霞が関の役人時代

1994年4月1日。東大法学部を卒業した小川は自治省（現総務省）の門をくぐる。同期は18人。最初の配属先は自治省財政局調整室。入省から3ヵ月間はコピー取りなどの下働きばかりで右も左も分からなかったが、初めて目に触れる霞が関の仕事は非常に重々しいものだったと当時を振り返る。

各省庁が法律や予算に基づいて新たな事業を実施する際、地方公共団体に一定の事務負担が発生する場合が多々ある。調整室は、そんな国と地方の役割分担を文字どおり〝調整〟し、その予算を国・地方自治体のいずれが負担するかを決める部署だった。

当時、自治省が入る合同庁舎は、戦前の官庁建築の旧内務省庁舎だった。内務省といえば戦前、日本の内政全般を担い、特高警察を有するなど数ある省庁の中でも特に強大な権力が集中し「官庁の中の官庁」と呼ばれていた。1933年（昭和8年）に建築された歴史ある庁舎は、濃い茶色のスクラッチタイル建築で、内務省がたどった歴史と相まって重苦しい雰囲気を醸していた。

小川の社会人としての第一歩は、この庁舎にある狭い小部屋で一日中、机に座りながらの地味な作業だった。夕方になると庁舎内にあった食堂から、油ギトギトの野菜炒めなどの出前を取り、そのまま深夜まで残業をこなす。おまけに、あてがわれた公務員宿舎との通勤時間がゆうに片道1時間半はかかった。

「千葉の北総線にある小室駅から歩いて20分の場所にある3DKのアパートに同僚と2人暮らしでした。当時の課長が『新人は甘やかすな』という主義のとても厳しい人で、別の部署に配属された同期は夕方5時になると帰っていたのですが、自分は夜中まで残業させられました。0時半の終電に乗って駅から歩いてさらに20分。家にたどり着く頃には午前2時前。それからわずか数時間後には再び早朝の満員電車に揺られるという生活が続きました」

「重厚で重苦しい古い庁舎」「油ギトギトの野菜炒め」「容赦ない奴隷のような残業」。3ヵ月後には辞令で本庁を離れるとはいえ、これが日本の土台を支えている霞が関の官僚の仕事かと思うと暗澹たる気持ちになった。とにかく古い体質ばかり目立ち、自由闊達な雰囲気はどこにもなく、未来を感じることもなかった。

沖縄で目にしたもの

自治省のキャリア新人は通常3ヵ月ほどの見習い期間を経て、地方の県庁で勤務する。

小川の赴任先は沖縄だった。配属は市町村行政の窓口となる沖縄県庁地方課。地方交付税や地方債の発行を認可するほか、沖縄に50あると言われる市町村と県、そして国をつなぐパイプとなる部署だ。新人の小川は、来る日も来る日も、車で沖縄各地をめぐった。

家庭生活のスタートも沖縄だった。高校時代から交際していた明子と結婚。当時、彼女は高松で幼稚園の教諭をしていたが、退職して沖縄での新婚生活が始まった。

沖縄では初めてのことばかりだった。もちろん、頭では「日米安全保障条約」の存在は理解していたが、高松生まれの小川はそれを体感したことはない。

忘れられないのは、県庁に勤める地元出身の同僚の言葉だった。

ある日、その同僚が椰子ガニを持って小川のアパートを訪ねてきた。かねてから小川は、同僚を自宅に呼んで自分で打った讃岐うどんを振る舞うなどして親交を深めていた。見たこともないヤドカリのような南国のカニを食べながら、泡盛の心地よい酔いに身を委ねる。日々の忙しさを忘れる至福の時間だった。そんな時、ふとその同僚がこうつぶやいたのだった。

「俺たちは海外に行った時に悩むことがある。どこから来たと言われて、〝日本から来た日本人だ〟と果たして言っていいんだろうか」

当時は那覇を中継地にして、中国や台湾を行き来するフェリーや飛行機があふれていた。出発ゲートには沖縄を中心とする東アジアの地図があった。だが、その地図の中の沖縄は「ＯＫＩＮＡＷＡ」でも「ＪＡＰＡＮ」でもなく「ＲＹＵＫＹＵ」と書かれていた。かつて３００年もの間、この島に栄えた「琉球王国」のことだ。この同僚は、自分は日本人ではなく沖縄人、つまり琉球人だと言いたかったのだろう。それは民族の誇りであると同時に、日本に対するコンプレックスでもあった。国籍やアイデンティティで悩んだ経験のない小川には、この同僚の言葉は喉につかえてとれない魚の骨のように、現在も脳裏に焼き付いている。

２年にわたる赴任期間中の１９９５年９月、棍棒で頭をぶん殴られるような衝撃的な事件が発生する。米兵による卑劣な少女暴行事件だ。米軍側の理不尽な対応をめぐり、くすぶっていた沖縄の人々の反基地感情が一気に爆発する。この事件が端緒となって米軍基地の整理縮小や日米地位協定の見直し論が活発化することになる。

宜野湾市で行われた「県民総決起集会」に、小川は明子と連れ立って参加した。当時の大田昌秀・沖縄県知事をはじめ、およそ８万５０００人もの人々が公園を埋め尽くし、人と人とがぶつかり合う度に放たれる熱気に包まれていた。そして、それ以上に小川の目に焼き付いた光景があった。

「集会が開催されている公園では、焼きそばや焼き鳥の屋台が立ち並び、賑わっていました。アメリカに向かって沖縄の人々が抗議の声をあげる。まさに非日常の世界が繰り広げられているのですが、そこには出店の屋台も立っていて、これが沖縄の日常でもあることを知りました」

入省すると最初の赴任先は希望が出せる。小川は漠然と「異文化圏に行きたい」「東京から一番遠い場所に行きたい」と沖縄を志望した。結果的に政治的にも、地政学的にも、日本と米国の関係においても、絶対に目をそらすことのできない沖縄という地で、小川は様々な示唆を感受した。

日本「安定した時代」の終焉

1996年、本土に戻ってきた小川は地域総合整備財団（通称ふるさと財団）という自治省の外郭団体に出向を命じられる。自治体に対して無利子の融資を調達する仕事だった。この部署には、大手銀行からの出向組もいた。日々、全国の自治体、事業者から融資の申請が舞い込む。その審査を行う部門にいた小川は、自治省や大蔵省（現財務省）との折衝が主な仕事になった。

この頃、小川が日参していたのが自民党の大物である竹下登元首相の事務所だった。下っ端の小川の相手をするのは、もちろん事務所の職員であり、議員秘書だった。元総理大臣である竹下本人に対面する機会はなかったが、有力政治家ほどこうした融資案件について、その進捗などに相当、気を遣っていることを知った。

１９９７年、本省に戻った小川は係長に昇進、官僚として本格的に中央政界とも関わる仕事に携わるようになる。この頃になるとバブル崩壊後の混迷が浮き彫りになりつつあった。戦後日本では皆無だった金融機関の倒産が全国で連続したのもこの時期である。それは20世紀の終焉というより、戦後の日本が誇ってきた「金融＝安泰」の図式が、音をたてて崩れてゆく新時代の序章に過ぎなかった。

山一證券、北海道拓殖銀行、日本長期信用銀行。こうした名だたる金融機関が倒れてゆく光景は、当時の日本人の間ではフィクションの劇画の世界のようで、まだバブルという夢の続きを見ているようだった。

「親方日の丸」「銀行と役所は絶対につぶれない」

終身雇用制度と地続きのこうした確信は、「平成不況」という言葉と共に失われた

10年を象徴する出来事になった。小川の持ち場は時の総理大臣・橋本龍太郎政権の肝いりだった「税制改正」を引き受ける戦場だった。

当時の日本はデフレ不況の真っただ中。倒産は免れたものの、多くの金融機関がバブル崩壊後の不良債権処理に四苦八苦していた。追い打ちをかけたのがタイを震源とするアジア通貨危機。橋本は財政再建を急ぎ、消費増税に加え所得税の減税打ち切り、医療費の自己負担増などに次々と着手した。

小川に任されたのは「税制改正大綱」のための法律そのものを書く作業だった。法律の作文にはセオリーがある。法律の主語は「日本国」である以上、個性があってはいけないのだ。作文の作業は法令検索のシステムを使って類例の法律を探すところから始まる。その後、類例の法律の言葉遣いや表現を確認しつつ、実際に作文を行う。文字に落とし込んだ時に、誤字はもちろん、読み方が間違っているといったようなミスは絶対に許されない。

この時代、小川に休日はなかった。週末出勤は当たり前。毎月300時間の残業が1年半続いた。「泥のような時代だった」と当時を回想する。

「毎晩、帰りは深夜2時過ぎで、タクシーを飛ばして官舎のあった千葉県習志野市に向かうんです。残業代は出ません。当時の年収は４００万円台だったと思うのですが、年間のタクシー代は６００万円を超えていました。深夜の交通費の手当の上限が２万円。そして、この手当は年間３００日までと決められていましたが、すべて消化していたことをはっきり覚えています。数時間、体を横にして仮眠をとる。でも午前10時には机の前にいなければならないので、今度は午前7時に飛び起きて朝の満員電車に揺られる。肉体労働の究極というものを実感しました」

明子は小川が過労死するのではないか、と思っていたと回想する。夫が何をしていたかは、全く知らない。当時、大学進学のために上京していた小川の弟は、時折、「仮眠させてくれ」と青ざめた顔で下宿先に転がり込んでくる兄の姿を覚えている。

小川の言う「持続可能な時代」がいよいよ崩れようとしていた。

（第４章へ続きます）

HOW?

第３章　小川淳也に聞く

「難しそうな大改革をどうやって実現するんですか」

聞き手：現代新書編集部

——この第3章では、小川さんに「難しそうな大改革をどうやって実現するんですか」というテーマで、遠慮ナシ、忖度ナシ、手加減ナシで徹底的に聞いていきたいと思います。先ほど（第1章では）WHATが中心でしたが、今度はHOW、つまり「どのように」行っていくのかを中心にお話しください。小川さんも、こちらの質問が甘いと思ったら、どんどんご指摘くださって結構です。真剣勝負ですので。

小川　わかりました。

日本の歴史は40年単位で大きく変わる

——それでは改めて、伺います。小川さんが、第1章で挙げた政策の数々、どれか一つでもできたら私は凄《すご》いことだなと思っているのですが、あんなにいくつも掲げて、いったいどうやって進めていくつもりなんですか？

小川　まずはその前提として、一つ申し上げておきたいことがあります。私は、近代の日本の歴史をみたときに、だいたい40年単位でその時代のテーゼが大きく変わる、一世代半のスパンで変容していくという見方をしています。もう少し具体的に言うと、たとえば明治維新が１８６８年に始まりますが、この時代のテーゼは「欧米列強に負けるな。列強に追いつけ」でした。そういったテーゼが一つの到達点に達したのが１９０５年。日露戦争で日本がロシアに勝利した年です。その間が、ほぼ40年です。

その次の時代のテーゼが「列強を追い越せ」に変わります。日本が対外膨張政策をとって植民地経営に乗り出す時代が約40年にわたって続きます。そして１９４５年、太平洋戦争の敗戦という形で一区切りつくわけです。

――なるほど。面白い見方ですね。

小川　戦後の最初の40年、時代のテーゼは「復興と経済成長」になります。復興を遂げた日本が経済成長によって再び膨張を始めます。そしておよそ40年後の１９９０年頃にバブル経済の崩壊という形でこの時代も終焉を迎えるわけです。

さて、その次の時代、つまり１９９０年から２０３０年までの40年間という、まさに今の我々が生きているこの時代ですね。私は、この40年は「成長の時代からサステナブル、持続可能性を基調とした時代へと歴史的な転換が起こる」40年なのではないかと考えています。ただし、第１章で説明したように、こういう恒常的な右肩下がりの時代は人類史上初めてのことなので、試行錯誤の時間が長い。その結果が、日本の「失われた30年」ではないかと思うんです。そして２０３０年と言えば、国連が定めた「持続可能な開発目標」の達成期限がちょうど２０３０年なんです。

――持続可能な開発目標とは、いま大流行りのＳＤＧｓですね。

小川　はい。私はそれはたまたま年限が一致しただけだと思っているのですが、おおよそ40年で一時代回ってきたこの近現代の歴史からすると、おそらく２０３０年の世界は「持続可能性」という価値が最優先に置かれるような時代になっているのではないかと思います。私が２０１４年に本を出したときには、正直そこまで考えていませんでしたけど、「現在の日本が、ある種の非常事態であることを２０２０年までに全国民で共有」し、「そこから２０３０年までの10年間を集中改革期間として位置づけた上で、持続可能な日本にしていきたい」ということを書いています。やっぱり符合するんです。

　したがって、私がこれから述べることとは、仮定の２０２ａ年からスタートし、２０３０年に向かってどのようなタイムテーブルで何を行っていくのか、ということが中心になります。そこまではよろしいですか。

――はい。よくわかりました。

小川淳也版「未来の政治年表」

小川　それでは、概略ではありますが、この年表（表2）を使って具体的に説明したいと思います。まずは202a年です。**「党の新代表に就任」「党内の党議拘束を解除」「国民とともに政権公約を作成」**です。でも、これ……「私が（新代表になって）」とは自信をもって言いづらいところではあるのですが……。

表2　小川淳也　日本改革原案のタイムテーブル

202a年
■党の新代表に就任 ■党内の党議拘束を解除 ■国民とともに政権公約を作成

202b年

■総選挙実施　政権交代とともに総理大臣就任

202c年

■政権与党の事前審査を廃止

新型コロナウイルス問題が長引いた場合
■検査を抜本拡大かつ無償化
■隔離療養態勢の抜本拡充
■医療資源の配置に一定公的関与
■全国すべてのクリニックにワクチン接種を行ってもらう制度の検討
■感染災害に即応できるような自衛隊の再編

202d年

■国連総会において「新たな国際政治の確立」「国際課税の強化」「国際的再分配」「気候変動対策」を訴える

202e年

■社会保障改革国民会議の公募・設置

■MMTによる新金融緩和の開始

■MMTによる試験的ベーシックインカムの導入

■炭素課税の開始

■再生可能エネルギー本格導入（再始動）

■**「所得税・法人税・相続税課税適正化及び漸次消費増税・本格的ベーシックインカム・教育社会福祉無償化法案」**徹底審議の上可決成立

■同法施行のための国民投票法案可決成立

■同法国民投票

■10年間の集中改革期間を経て、社会保障改革・税制改革を漸次実行に移す

202f年

■地方制度改革関連法案審議・可決成立

■希望する圏域は道州制に移行

――アナタ何を言ってるんですか、そこは「私が（総理になったら）」という大前提で伺っているんですから「私が」という気持ちでしっかり話してください。もう20 30年なんて、あっという間ですよ。恥ずかしがってるヒマなんてないんですよ！

小川（言葉を濁しながら）……ええと、まずは、党に新たな代表が誕生します。真っ先に行うべきは、議会で採決などを行う際に、所属政党（の執行部）が決議した内容に従って投票するよう所属する議員を束縛する、いわゆる「党議拘束《とうぎこうそく》」をなくします。

――意外です。そんなところから日本の大改革が始まるんですか？

小川　はい。いままでの野党は、自民党に比べると分裂や抗争を繰り返してきました。それも党議拘束や執行部一任に逆らったとか、だから除名するとか、ハッキリ言ってそんなどうでもいいようなところで身内同士で争っているから、大きな闘いで自民党と伍せないんですよ。エスタブリッシュメントが支持する自民党に比べると僕らは裾野が広い。僕たち野党は、みんないろんな思いを持って、この場に来ている。だから党議拘束を解除しようじゃないか、執行部一任とか、しょうもない意思決定の仕組みではなく、基本的に全員で徹底討議した後、多数決で決めようと。僕はまず新党のガバナンスを抜本的に改革したいんです。各議員の可動域を広げたい。

「党議拘束」こそが野党を弱体化させている

――もう少し具体的に説明をお願いできますか。というよりも、党議拘束って、そんなに政党に悪影響を与えているんですか？

小川　私が見続けてきた野党の歴史の中で最大のトラウマは、民主党政権末期の2012年、消費増税をきっかけとした党の分裂です。民主党執行部が消費増税賛成を決定し、党議拘束をかけた。ところが、小沢一郎元代表を含む57人が反対票を投じ「党議拘束を破った」として党内で大きな争いが起こり、結果的に民主党の分裂、解体につながりました。

――組織である以上、組織の決定に従うのは当たり前ではないですかね？

小川　執行部はよく言うんです。「まとまるまでは議論をしよう。まとまったら従え」ってね。

――ある意味、当たり前のことを言っているように思えますけど。

小川　そうでしょう。形式的にはそう言うんだけど、実態はまったく違う。私は当時議員2回生でしたが、私の立場から言わせてもらえば「まとまったら従え、と言うなら、まとまるようなことを言ってくれよ」と、そう思っていました。

当時の民主党政権に期待されていたのは、税金の使い道を変えて、もっと必要なところへ有効に税金を使ってほしい、という話であって、「増税」などという言葉は誰も言っていなかった。税金の使い道の改革＝行政改革の方向性が党として不十分だったことは国民に謝罪しなければいけないけど、増税するっていう話は党内では出ていなかったのに、突然、執行部のほうから増税という話が出てきた。「これはとんでもないことを（執行部が）言い出したぞ」と思いました。結局、執行部は夜中まで議論をした後、最後には打ち切って「これで決まりだ。後は従え」という形になった。まったく無茶苦茶な話だったんです。

消費増税だけではありません。原発やＴＰＰ（環太平洋パートナーシップ協定）、2020年の国会で言うと改正種苗法もそうですが、党議拘束というシステムのせいで党が分裂してしまうような割れ目や裂け目がそこら中に潜んでいる。そもそも各議員によっていろいろと考えがあるのに、党議拘束のために、党内がまとまるどころか、党内排除が助長されてしまっている。個別のテーマで党が分裂したり、離合集散の引き金になったりするのではなく、むしろ各国会議員の見識なり、背景なりを尊重する体制をとったほうが、より緩やかだが強靱《きょうじん》な集団になるのではないかという実務的な判断が（党議拘束解除の理由として）あります。

実はアメリカの民主党も共和党も、イギリスの労働党も保守党も、所属する議員に対してそれほど党議拘束はかけていないんです。それぞれの法案への賛否は、各議員の見識において決めるんですよ。そしてそれを有権者に説明する責任は自らが負う。そういう自律した国会議員の姿が理想だし、その副産物として緩やかな連帯という党の統治構造が生まれるのであれば、個々の議員にとっても組織にとっても望ましい形でうまく機能するのではないかと思うわけです。もちろん、党としての方針を示す必要はありますが「全会一致」「執行部一任」ではなく、徹底討議したら各部会で多数決で決めて、それを政務調査会なり、党の幹事会なりに持ち上げる「原則多数決」に改める。首相指名選挙などのように党議拘束が必要という場面はあるかもしれませんが、もうちょっと大きな山と対峙しようじゃないかと、そういう方向に持っていきたいのです。

泰山は土壌を譲らず

――やっぱりよくわからないんですけど、党議拘束を外してしまうことで、むしろ、党内でまとまるものが余計にまとまらなくなるのではないですか？

小川　先ほどの消費増税で言うと、「反対するなら出ていけ」「賛成できないから出ていく」という話になりました。当時の野田（佳彦）総理の増税へ舵を切ろうとする主張にもそれなりの道理はあったはずだし、それはそれで議論をすればいいのですが、あのとき、もし党内による採決で決めていたら私は否決されていたと思うんです。

仮に、万が一、党内の多数決によって増税の方向が決まったとしても、国会で採決となったときに、野田総理が「俺としてはこういう思いで増税に賛成する。できれば皆も賛同してほしい。ただし、最後の（国会での）採決は、みんなそれぞれの自主的な理念と政策の方向感において自律的に臨んでほしい」と言っていたら、その時点で（反対者が）党を割って出ていく必要はまったくなくなる。

２０２０年３月には山尾（志桜里）議員が「緊急事態宣言に絡んだ法改正には賛

成できない」と立憲民主党の方針に反対して離党しました。彼女の考えはともかく、個々の法案への賛否でその党にいられたり、いられなくなったりするというシステム自体が、これから多様な社会を担っていかなくてはならない今の日本にふさわしいのか。

私が好きな言葉の一つに「泰山《たいざん》は土壌を譲らず」があります。泰山はどんな小さな土でも受け容れたことで大きな山になったという故事成語ですが、これからの野党にはそういう「小さな事柄は包摂《ほうせつ》し、もっと大きな闘いをしよう」というマネジメントが求められていると思います。

不勉強を露呈するインタビュアー

――しかしですね、多数決という方式にすると、いくつかの法案については与党と同じ賛成に回ってしまうという可能性も出てくるわけですよね。そうなると、与党と対決する姿勢みたいなものが薄れてしまう結果になったりはしないのですか？

小川　実は世の中の多くの方々が誤解しているのがまさにそこです。通常国会には毎年100本ぐらいの法案が提出されます。共産党さんが反対する法案の数は一番多いんですけど、（私が所属する）立憲民主党は全体の7割から8割ぐらいの法案には賛成しているんですよ。（微笑しながら）そういうことを知らないでしょう？

——えーっ、そうなんですか！ これでもメディアの世界の人間なのに不勉強で恥ずかしい……。

小川 提出された法案の中で2割から3割ぐらいの法案には反対しています。その中でも、たとえば一国会に一つか二つ、年金改革とか、安保法制とか、消費税とか、大きなテーマがあるじゃないですか。こういう（与野党が争う）大きなテーマばかりテレビや新聞でクローズアップされるために、いつも与党と野党はいがみあっている、というイメージばかりが増幅されてしまうのではないかと思います。

でも、有権者の側からすると、ここはとても重要な点でして、政権が代わったら、100あった政策が100全部変わるというのは安心感につながらない。政権が代わっても100ある政策のうち、大きく変わる可能性があるのは、肝になる10か20の政策なんですよ、というぐらいのほうが、世の中の安定装置と変革装置のバランスとしても重要ですし、むしろそういうことが国民に当たり前のように知られている、受け止められているような世の中にする必要があると思っています。

反対の声にビビるようでは、この時代の舵取りはできない

——いや、本当にそのとおりです……失礼しました……。

先に進ませてください。２０２a年の項目でもう一つ挙げている「**国民とともに政権公約を作成**」という個所について説明をお願いします。

小川　口先だけのマニフェスト・政策会議みたいなものというのはどこの党でもやっていることだと思いますが、党首が本気になって全国に出向いて、巷で市井の人々と討議しながら政権公約を一から練り上げるっていうのは、日本の歴史ではまだ例がないと思うんです。こうした、本当の意味での国民との徹底討議を経るというプロセスを抜きにしてできあがった政権公約というのは、血肉になっていない気がするんです。私は、いまはちょっとコロナの影響もあってストップしていますが、選挙区内の公民館を徹底して歩いて、そこでいろいろな声を聞いたり、受け止めたりしてきたので、それと同じことを全国に拡充していきたいと思います。

――しかし……そんなことを全国レベルでやったら、それこそ収拾がつかなくなるのではないですか？　何も決まらなくなってしまうのでは……。

小川　それは、まさにそこでリーダーとしての力量が問われるわけです。そんなことにビビッているようでは、とてもこの時代の舵取りはできない。２０２０年９月から僕はウェブ上で「千本ノック」という試みを行っています。ＳＮＳ上に寄せられた質問について動画上でお答えするというものですが、厳しいご意見をいただくこともあります。ある日などは、批判的なご意見をいくつかいただいた後で、最後に「どうだ、敵意剝き出しの質問を次々とぶつけられて少しは思い知ったか。これがアンタら野党が国会でいつもやってることだ」とダメ押しのように指摘されたことがあり、これは心にグサリと刺さりました。そのほか、オンラインでの集会や、公民館で行っていたライブの集会の時も、一切の仕込みやヤラセはナシ、あらゆる質問を排除せず、事前通告も一切不要というスタンスで質疑応答の時間をいただいております。直球のご批判から誹謗中傷に近いことまで、あらゆることを言われ続けてきました。それが、仮に……仮にですよ、指導的な立場にたたせてもらった後にビビるようでは話にならない。いままでやってきたことの総決算を日本国内で徹底してやり通し、心からの実感として国民と一緒に作ったと言えるような政権構想をたたきあげたいというのは信念であり、願望なんです。

――……ごめんなさい。あえて意地悪に聞きますけど……。

小川　どうぞ、どうぞ。

――小川さんはすでに政権構想に近い公約・政策をたくさん持っていますよね。第1章であれだけ細かくお話しいただいたように。それが、全国の人々からたくさんの声を吸い上げた結果、国民の声が、小川さんの思っていた政策とまったく違うものだったら、小川さんはどうするんですか？

小川　両者が合致するように努力しなければなりませんが、僕の政策にも当然軌道修正はあっていいと思っています。大事なのは国民と政治家が信頼強度を高め、ともに作った感、共有できるものにしていく。一般有権者の方々との対話の中から本当にオギャーと生まれてきたような、そういう血肉のこもった政権公約を作りたいです。ただ（僕の政策の）骨格が大きく動くことはないです。それだけの自信はあります。

――（全国の人々から話を聞いて政権公約にまとめるというのは）膨大な時間がかかるのではないですか？

小川　イギリスはだいたい2年ぐらいかけてそれをやっています。労働党が作った「FOR THE MANY, NOT THE FEW」という分厚いマニフェストが私の手元にあるのですが、これも2年ぐらいかけて、各地で地道に党員集会を重ねながら作りあげていったと聞いています。付け焼き刃じゃないんです。国民と会話を重ねてじっくり作るから中身もプロセスもある。まさに民主主義そのものですよ。

――イギリスでは、そんな手間のかかることをやってるんですか？

小川　はい。徹底的に討議してます。議会制民主主義ってイギリスで生まれているんで、やっぱり参考になることやヒントがあの国にはたくさんあるんですよ。

総理になって最初の大改革

――そうか、そうやって政権公約を徹底的に練り上げたあとに、いよいよ「２０２b年の総選挙」を迎えるというシナリオになっていますね。

小川　政権公約をまとめあげたら当然、それを掲げて総選挙で戦います。国民の信を問う。そこで政権交代を果たさなければならない。

――政権交代を果たす！　与党になる！　総理大臣になる！　ここからは、そういう前提でいきましょう。

総理大臣になった翌年？　の202c年に、最初に掲げているのが**「政権与党の事前審査を廃止」**ですが、これも説明をお願いできますか。

小川　いまの自民党、つまり与党が行使している事前審査制度のような仕組みを廃止したいと思っています。これは日本の政治における独特な慣行で、内閣が国会に提出する法案は、事前に自民党の中にある総務会や政務調査会などの「審査」を経て、そこで了承されたものだけが（国会に）提出される――という暗黙のルールです。そんなことを定めた法律はないので慣行にすぎません。だけどその慣行のせいで、国会で提出された法案を与党と野党が議論しあうという実質的な審議がまったく骨抜きにされてしまっています。野党議員には案件・議案に指一本触れさせないといういまのこの仕組みを転換し、国会を実質化させる必要があります。

――野党は法案審議には一切ノータッチということですか？

小川　厳密に言うと、野党議員も官僚から事前に法案についての説明は受けます。だけど、それは野党がいいと言おうがダメだと言おうがあまり関係ないわけです。政府はとにかく与党に相談して、与党がＯＫと言ったものだけ出してくる。出してきた時点で野党も議論には参加する。だけど、今の国会は与党が過半数を占めていますから「俺たちがいいと言ったものだけ出してきているんだ。文句は言わせないぞ」といった感じで、野党の言うことなんか受け入れないよと、こんな状況が（戦後から自民党が与党の時代だった）70年間も続いているわけです。

なぜ国会では政策ではなくスキャンダルが議論されるのか

――なるほど。国会がまったく面白くない元凶はこの制度にある、と？

小川　まさにそうなんです。国会には会期がありますので、与党の一方的な議事進行を野党が食い止めるには、ハッキリ言って、なんだかんだとイチャモンをつけて日程闘争に持ち込むか、あるいは、政府や与党議員の間に湧いたスキャンダルを突《つっ》くか、それぐらいしか方法がないんです。本来、法案や政策について議論しあう場であるはずの国会が与党のスキャンダル追及の場になってしまうのには、そういう事情がある。でも、それじゃいけないってことは僕ら野党もわかってる。だから、とにかく国会で実質的な議論をしましょう、与野党問わず、議員としての良い意見や提案はおおいに受け入れ、議案を修正していきましょうよという構えをとりたい。

――でも、この話は現在、小川さんが総理・与党の側になったらという前提で話しているんですよ。だったら既得権益としてそのまま温存しちゃったほうがいいのでは？

小川　慣行という既得権ですが、それでもそんな制度はなくすべきです。国会改革の最初にして最大の一歩は与党の事前審査制度の廃止です。それがなくなるだけで国会はずいぶん変わるはずです。与野党が徹底討議することで良い法案は仕上がるし、修正もされる。駄目な法案は廃案になる。そんな当たり前の掛け値なしの国会にしたいと思っています。

――だったら民主党政権のときに廃止すればよかったじゃないですか。

小川　一瞬やろうとしたんですよ！　２００９年に政権交代した当時の民主党は「政治主導」を唱え、党から政府に入った大臣・副大臣・政務官（政務三役）が各省庁を主導する、政策決定の一元化を目指しました。同時に、党内にあった政策調査会（政調）と事前審査制度を廃止し、党による政府への非公式な提言や圧力をなくそうとしたのです。ところが、党議拘束は残したままだったので、政府に入れなかった民主党の議員から「俺たちは与党議員なのに、党内の政調も廃止されて、立法府では最初から党議拘束がかかっている。いったいどこで政策を議論すればいいんだ」「そもそも、政策に関与していないのになんで党議拘束をかけるんだ」と大ブーイングが起こり、党内が混乱したのです。

結局、菅（直人）政権のときに政策調査会が、野田（佳彦）政権のときに事前審査制度が復活し、今の自民党と同じ状態に戻ってしまった。元の木阿弥です。「党議拘束は解除するから、政策議論は国会・立法府で存分にやってくれ」と言うべきだった。政策決定の一元化と党議拘束の廃止はダブルで行うべきだったんです。

他人事のように聞こえるかもしれませんが、（当時の政策調査会廃止を含む民主党の一連の国会改革は）改革の本質や全体像をよくわからず部分的に設計してしまったという印象を持ちました。

新型コロナとの戦いが長期化した場合は

――わかりました。それでは、ええと……あれ？ ここでコロナ対策の話が少し入っていますが、これは、いままでの改革の流れとはちょっと違う話ですよね？

小川　そうなんです。でもここはいまの日本にとってとても重要なことなので、しっかりお話しさせてください。

仮にこの２０２c年のあたりで、いや、２０２１年中でもいいですね。新型コロナワクチンが劇的に効果を発揮していれば、コロナ対策のことはあまり考えなくてもいいのですが、もしワクチンが思ったほどの効果を発揮しなかった場合、あるいは、次々と新たな変異種が出現した場合などはこのウイルスとの戦いは長期戦になります。ですから、政権交代後もコロナが収まっていない場合には、国会改革と同時に検査体制を抜本拡充します。誰でも、無償で、いつでも、どこでも検査が受けられるようにする。

――そんなこと、本当にできるんでしょうか？

小川　できますよ！　だって日本だけじゃないですか。こんなに検査のハードルが高い国は。

――そうか。小川さん、コロナに罹《かか》ったあと、自分で発熱相談センターに電話したり、高熱状態で１㎞も歩いて単身で病院に向かったりしたんですよね。

小川　ミクロな視点で言うと、陽性が確定するまでは自助努力が求められることも問題ですし、濃厚接触者の範囲が狭くて、ほとんどの人が自費で検査しなきゃいけないことも問題です。でもそれをマクロな視点から見ると、それはつまり「検査が遠い」という1点に尽きるんです。いつでも誰でもどこでも気軽に無償検査を受けられれば、これらの問題はほぼ解消します。そして同時に、隔離療養態勢はいまの数十倍、数百倍整える必要がある。その2点さえしっかり整えておけばＧｏＴｏだろうが何だろうが、経済活動はどんどんやればいいんです。

極端に言えば、毎日みんなが朝起きたら抗原検査、キットで自分の唾液を湿らせて検査をしてから家を出るようにすればいい。極端に言えば、ですよ。でも、そのぐらいまで検査が身近なものになれば、ワクチンが劇的な効果を発揮しなくてもずいぶん問題は解消するはずだという理屈です。

――たしかに「検査をもっとたくさん受けられるようにしてほしい」ということは私の周囲でも早くから、多くの人が言ってました。でも、そういうことは、もっと早く国会の中で議論してほしかったですけどね。

小川　検査の拡大だって、僕らは２０２０年の春先から厚生労働委員会でずっと言い続けていたんですよ！　ぜひ会議録で確認してください。

――ふたたび無知ですみません……。

小川　２０２０年10月、中国の青島で12人のクラスターが発生しました。すると中国は、青島市民を１日に２５０万人ずつ、わずか４日で１０００万人を検査して、３００人ほどの無症状陽性者を見つけて隔離、ウイルスの抑え込みに成功しています。私が確認したところでは、これにかかる費用が１人あたり１４００円、合計で１４０億円程度です。仮に１０００万人に休業要請して、それを補償した場合１４０億円で済むでしょうか？

僕らは厚生労働委員会で２０２０年４～5月ぐらいからとにかく「ワクチンができるまでは検査の拡大しか（抑え込む方法が）ありませんよ」と、ずっと言い続けてきた。でも結局、何の政治的判断もなされなければ、メッセージも出なかった。それはつまり国がリスクをとらなかったということですよ。

――**リスク？　検査の大幅拡大にかかる予算を渋ったということですか？**

小川　いえ、官僚組織というのは何でもそうなんですけど前例の踏襲、過去にやってきたことを愚直なまでに積み上げようとする性質を持っているんですね。日本の感染症対策というのは基本的には結核対策を軸に出来上がっていて（厚生労働省国立感染症研究所を頂点に、全国の保健所が現場で行うという構造になっています。彼らの対結核を歴史的背景とする感染症対策というのは、基本的に「有症状者の隔離」と「濃厚接触者の検査」という2本立てで構成されています。

しかし、周知のとおり、今回の新型コロナウイルスには無症状者がいて、その人たちにも感染力がある。発症前に感染力を有する人もいる。だから従来の結核に対する戦い方では立ち向かえないわけです。現に経路不明の市中感染は全体の5割を占める。感染の経路がわかっていますという人は5割しかいない。なのに、保健所のマンパワーをひたすら使い続けて「誰と接触しましたか」「濃厚接触者は誰ですか」と、5割の土俵の中でほぼすべての資源を集中してしまっている。残りの5割の経路不明市中感染は放置しているに等しい。どんなに頑張っても勝てない戦なんです。（第1章で）戦い方が航空戦に変わったのに大艦巨砲主義の立場に拘泥《こうでい》し続けた軍事官僚の話をしました。その姿は、市中感染と戦わなくてはいけないのに濃厚接触者ばかりを追いかける現代の厚生労働行政、感染症対策と重なるところがあると僕は思っています。

――保健所の方々の膨大な努力は何だったんでしょう……。

医者は「9割方公務員」

小川　ご承知のとおり、2020年末から2021年初頭にかけて、そして現在も大阪など一部の地域では医療体制がかなり逼迫《ひっぱく》しています。日本には人口当たりのベッドそのものは他の先進国の2倍はあるんです。医者の数もそれなりにいる。ところが、新型コロナに対応しているベッドが全床の1~2%しかない。これは、あまり誰も指摘していませんが、一番の問題点は、「医者が、本来診なければいけない患者よりも、診たい患者を診ている」ということなんです。なぜか。そのほうが儲かるからです。そういう診療報酬体系になってしまっているわけです。

日本の医療経済、平たく言うと、全国の医療機関に入る収入というのはマクロで考えた場合、年間で43兆円ほどなんですが、そのうちの約9割、38兆円は税金と保険料です。つまり、日本の医者は9割方公務員のようなものです。であるにもかかわらず、医療の供給側は完全に自由化されている。自由な場所で開業できたり、自由に診療科を決めたりできる。この段階で国民のニーズとは完全にミスマッチしている。だから過疎地や離島では、みんな税金も保険料も払っているのに医者が来ない、病院もない、という状況がどんどん生まれている。

ヨーロッパの医療体制は、9割方は公立病院、大型病院です。だから、コロナのような危機の際にすぐに臨戦態勢が組める。日本の場合は7割、8割が民間の小さなクリニックなので態勢も組めないし、強制的に動員もできない。診療所をコロナのエリアとそうでないエリアに分けようと思っても分けられない。僕が行く近所のクリニックでも「(コロナの)症状がなければ検査しますが、症状があったら来てもらっては困ります」などと平気で言います。

それではお医者さんが悪いのかというと決してそうではないんです。ドイツでは医者の7~8割が拠点病院に勤務します。つまり彼らの大半は高度な救急医療に携わる。私の調べでは、ドイツでは大病院の勤務医の収入が2500万円程度と高く、一方で、手近なクリニックを開業する、いわゆる開業医の収入が1500万円程度と差がある。これが日本では逆転していて、大変な思いをしている高度救急の勤務医が1500万円で、クリニックの先生が2500万円とかいう具合になっている。こうした診療報酬体系の差が元凶になっているんです。

——制度の問題なんですね。

小川　はい。だから今回のような非常時には、医者に「皆さんは9割公務員ですから」ということで納得してもらって大型病院に集約させるような仕組みが必要だと思います。非常時に医療資源の配分すら決められない国家権力と制度設計は悲惨だと思うんです。お医者さんの側からすると強制的にあれを診てくれと言われるのは嫌かもしれませんが、非常時には「あなたがたの収入源の90％は国民の払っている税金と保険料なんですよ」ということで納得していただく。非常事態なんですから。

コロナと戦っている病院ほど赤字になるのはおかしい

小川　そして同時に、コロナの患者を引き受けている病院ほど赤字になってしまっているという馬鹿げた診療報酬制度をすぐに変える。２０２０年の夏から問題になっていましたが、こんなにおかしなことはない。コロナ病床を設けることで他の診療ができなくなって診療報酬が減ってしまうという本末転倒。いまの現行法、慣例の中ですぐにできることがあるとすれば、圧倒的にコロナ診療に莫大な診療報酬をつけることです。

——それ、私もずっと不思議だと思ってました。なんですぐにできないんでしょうか。

小川 判断能力のなさですよ。政権の。

——いくらなんでも、そこはすぐに気づくんじゃないですか？ 私でも気づいたし。

小川 いや、やっぱり能力や覚悟の問題だと思います。診療報酬はさすがに少しずつ上げてきています。いま国会で成立した補正予算にも増額が組み込まれているし。だけど決断が遅すぎると思います。しかも小出しでしょう。メッセージ性もなければ効き目も弱いですよね。

——政府が本気になればできましたか？

小川 できる。良い悪いは別にして、政府・総理大臣が本気になれば郵便局すら民営化できるんだから。道路公団も民営化できるんだし、70年積み上げた憲法解釈だって変えられるんだから。時の総理大臣が本気になればね。

——（コロナ関連の診療報酬を）なぜすぐに引き上げなかったんだろう。日本医師会と喧嘩したくないとか、なにか理由があったんでしょうか。

小川　はっ？　コロナ関連の診療を行えば莫大なお金が入るという話ですよ。医師会が反対なんかするわけがない。

ここまで申し上げた話は平時にやらなくてはいけなかったわけです。長い年月をかけて作られてきた慣習はそれなりの年月をかけて改革していかなくてはならない。だけど、いまの非常事態で、実務的にこの国がやれることがあるとすれば、それはもう医者が馬鹿馬鹿しくなるぐらい、コロナの診療をしないと俺たち馬鹿だよな、と思うぐらい圧倒的にコロナ関連の診療にお金をつけることです。それで国家財政の赤字が少々増えようが関係ないです。国民の命がかかっているんだから。だから圧倒的意思と判断力のもとになるべく早く断行すべきでした。

日本のワクチン接種はなぜ４ヵ月遅れたのか

――あの……小川さんの政策の話を伺っている最中に、コロナの話になって、結構長くなっちゃったんですけど。

小川　はい？

――いや、原稿にするときは、挿入話があまり長くなりすぎるのは、「総理になったら政策をどうやって実行に移すのか」という、この章の主要なテーマがぼやけてしまうので、あまりいいことではないのですが……でも、やっぱり非常事態だからコロナのことをもう少し伺わせてください。国民にとっては、とても大事な話なので。

小川　そうですよね。よくわかります。承知しました。なんでも聞いてください。

――いま（2021年5月上旬）はコロナ禍のフェーズ（局面）が変わりましたよね。つまり、検査を拡大したり、隔離を徹底したりするためのフェーズから、ワクチン接種のフェーズに切り替わった。もちろん検査や隔離だっていまも十分に大事ではありますけど。要するに、いまのワクチン接種のフェーズについても、いまの日本にとって重要なことはなにか、小川さんのご見解を伺いたいと思ったんです。

小川　たとえばワクチンを各自治体に送りこんだり、接種できる場所を増やしたりとか、そういう、いまの政府が行っている活動を邪魔しようとかいう気はもちろん一切ありません。ただし、コロナ禍が発生してから1年以上が経過したいま、政府は何を準備してきたのか、あるいは準備してこなかったのかという冷静な検証はしっかりなされるべきだと思います。

――まさにそこを知りたいのです。なんで韓国や、コロナ発生国とみられる中国ではコロナがほぼ完全に抑え込まれているのに日本ではそれができないのかを知りたい。

小川　ワクチンについて言うと、日本人は、子宮頸がんワクチンもそうですが、副反応に対する忌避感・警戒感が強い。また、日本は昔はワクチン先進国でしたが、近年ではほぼ輸入に頼っているという状況にあります。ただ、そのような事情はあるとしても、ワクチン接種に対する日本政府の対応が迅速だったかと問われれば、やはりいくつかの疑問は残ると思います。

たとえば、アメリカはワクチン接種に最大2兆円の支援を行っていますが、同じ時期に日本は、ほぼ同じ2兆円というお金をGOTOキャンペーンに使おうとしました。日本がワクチン開発に投じた金額は2000億円ほどです。おそらく国民の大多数は「なんで、こんなに輸入物のワクチンに頼らなくてはいけないのか」と感じているはずです。ワクチン開発国のアメリカやイギリス、中国やロシアと比較すると、優先順位のつけかたとか、投資のボリュームとか、完全に見劣りしています。

――ワクチンの輸入自体はまだ仕方ないとしても、購入・輸入という行動自体も遅れたんでしょうか？

小川　完全に後手に回ったと思います。ファイザーとの契約ひとつとってもそうです。ファイザーは新型コロナウイルスのワクチンを開発する際に、約4万人の被験者を使って治験を行っています。そのうちアジア人は2000人ほどです。たとえばシンガポール政府は、「アジア人が2000人治験しているから大丈夫だろう」ということですぐに認可を出した。一方、日本では「日本人を被験者とした治験を行ってからでなければ認可できない」と許可を出しませんでした。その結果、2ヵ月承認が遅れた。また、アメリカやイギリスではワクチンの承認申請が行われてから2週間ほどで認可されましたが、日本では申請から認可までに約2ヵ月かかっています。つまり、日本人による治験と認可手続きの長期化でそれぞれ2ヵ月、合計4ヵ月も他国から遅れたわけです。アメリカやイギリスでは2020年12月から接種が始まりましたが、日本では実質的には2021年4月になってから始まったのはそうした事情によるものです。日本でも「2月から接種を開始します」と言っておきながら少々打っただけでした。もう少し早めることができたのではないかと私は思います。

——副反応の問題もあるから、政府や厚生労働省が治験に慎重になるのもわからないではありませんが、たしかに遅れたと言われても仕方ないですね。

「1日あたり100万回の接種」という数字について

小川　菅首相は「1日100万回」の接種を実現させて、「7月末までに国内の高齢者3600万人の接種を終えたい」という旨の発言をされました。いま私がこの話をしているのは2021年5月上旬ですが、かなりハードルの高い目標だと思っています。

たとえば、世界でもっとも早くワクチンの接種を進めたイスラエルは、軍隊から7000人を動員して1日15万回ほどのハイペースで接種を行いました。そもそもイスラエルは軍事国家で17万人ほど軍人がいるという事情はありますが、いずれにしても人口920万人の国で非常時に7000人の軍人を投入できる態勢が整っているからこそ、あれだけ速いペースで国民のほぼ全員にワクチンを打ち終えることができた。日本は1億2000万人の国で、自衛官は23万人ほどです。今まではワクチンというモノ自体がなかったという事情はあるにせよ、接種開始から1ヵ月半ほどでトータル約100万回ほどでした。人口920万の国で1日15万回打てる態勢がとれる国と、人口1億2000万人で1日平均2万回ほどにとどまっていた初期の日本の態勢、その違いがどれほどの遅れになって出てくるでしょうか。

ちなみに人口3億3０００万人のアメリカでは1日3００万回ほどのペースで接種を行いました。ざっくりと日本の人口規模に直すと1日1００万回ほど、つまり、菅総理が発言された目標と同じぐらいになります。総理は現行のアメリカに近いペースで打っていくと発言しているに等しい。

――アメリカと同じペースでというのは、さすがに難しいのでは……。

小川　総理大臣として強いリーダーシップを示されたのだと思いますし、「1日1０0万回接種」が実現できたら凄いことだと思いますが、（総理が発言した）5月初旬の時点で、データやエビデンスをもとに検討を行った上での発言だったんだろうかというと、やはり疑念を拭えませんね。

――この本が出版されるころ（2021年6月）、オリンピック開催がどうなっているのかわからないので、あまりいい加減なことは書きたくないのですが、小川さんはオリンピックについてはどう思っているんですか?

小川　これは（有権者の方から）よくお叱りをいただくところでもあるのですが、私個人は、（オリンピックは）可能ならば、実現させたほうがいいと思っています。やれるならやったほうがいい。しかし、大会を安全に行うだけの対策が十分に行われているかと言われると、どうかなと思うところがありますね。現時点で政府や大会組織委員会は「(大会中の選手や関係者に対して)PCR検査は毎日行う」としていますが、それも最初は「(検査は)4日に1回でいい」と言っていました。そもそもこれだけ変異種がいまの日本に広がっているのも、2020年11月に菅総理が、IOCのバッハ会長と会談した後、入国管理を開放したことが関連しているのではないかと思います。あらゆることが積み重なっていまの状況を招いてしまっている。だから、オリンピックをやったほうがいいと思っている私のような人間ですら、無理じゃないか、この危機的な状況下で五輪という巨大なイベントを遂行する能力がいまの政府にあるのかと思ってしまうわけです。

ワクチンの接種ペースを上げる方法はあるか

——コロナ対策の問題点についてはだいたい理解できましたが、それでは、日本がワクチン接種のペースを上げるような方法はあったんでしょうか?

小川　最近ではそれをずっと考えています。イギリスのようにボランティアを集めて接種させるというのは日本では無理だと思うんです。

たとえばですが、日本には開業クリニックが約10万あります。整形外科から眼科まであらゆる科を含めてですが。それらのクリニックが1施設につき1日10回の接種を行えば、計算上は100万回になる。もちろん輸送や保管の問題がありますので、そんなに簡単なことではないとわかってはいます。10万すべてで接種というのは現実的ではないかもしれません。それでも、接種回数を100万回に近いレベルにまで上げていくには、医師免許をもった全国のクリニックの協力を得るのがもっとも現実的なやり方ではないかと。もちろん、大規模な接種会場も必要だと思いますけど……。

あとは、自衛隊の再編です。自然災害には目覚ましい働きをしてきた自衛隊ですが、今回の感染症のような医療災害には対応できないことが露見してしまいました。北海道の旭川市や大阪府で病院の医療が逼迫したときに自衛隊から看護官などそれぞれ10人、7人派遣されましたが、そのような非常事態の際に派遣できるような医師や看護師を自衛隊の中でもっと養成してもいいのではないかと思います。いまの自衛隊には医官と看護官がそれぞれ400人ほどいますが、准看護師を含めても2000人には足りない。これをせめて数万単位に増やしてはどうかと思います。日々の軍事訓練がもちろん本業なのですが、少し時間を空けてもらって医療災害の対応に向けても訓練をお願いする。万一有事の際にも衛生兵としても働けるわけですし、今回のワクチン接種のようなときだって、もっと大規模で迅速な行動をとることができるでしょう。自衛隊の一部は医療災害即応部隊に再編しなければならないのではないか、そのような議論が自衛隊の中で起こらないのでしょうかと防衛省には申し上げました。

——日本全国のクリニックに協力してもらうとか自衛隊の再編とか、いろいろ考えられるかもしれませんけど、その反面、いろいろ障害もあるわけで、実現は容易ではないように思います。うまく言えませんが、いまの小川さんの話を聞いていて、逆にいまの菅政権、政府の舵取りは大変なんだなぁとあらためて思ってしまいました。

小川　でも、有事の際の国家運営ってそういうものなんですよ。有事の指導体制というのは大いに国家権力が必要だし、できるだけ国家権力を健全に保つ自制心、自己規律も必要だし、しかし、それに勝るとも劣らず、そこに一身を捧げる、一身を賭す覚悟がないとできないんです。覚悟というのは、後から誰かのせいにはしない覚悟です。俺が判断する、俺が決断する、そのとおりにやってくれ、すべての責任は一身に引き受ける——という指導者がいて、初めてそのハンドル、舵を切ることができるんです。

その覚悟が安倍（晋三前総理）さんにあったか、菅総理にあるか、という話でしかありません。

——すみません。かなり長くなりすぎましたが、小川さんの政策スケジュールの話に戻りましょう。

グローバルな問題とローカルな政治機構とのギャップ

——202d年ですね。「国連総会において『新たな国際政治の確立』『国際課税の強化』『国際的再分配』『気候変動対策』を訴える」とあります。

小川　いまの日本の機能不全の多くは国際政治の機能不全からも生じています。みんな自国のことは大事でしょうけど、一国だけで繁栄できる国はこれから先あるでしょうか。自国の国民だけが幸せということは、これから先成立し得るかということを大上段に振りかざして演説しなくてはいけないと思っています。

——第1章でも伺ったので、日本が抱えている問題と世界がリンクしているということは理解できたのですが、やはり日本国内を大改革する前に、こういう、国連総会での演説がマストだということなんですかね？

小川　コロナ対策、ワクチンの問題一つとっても、各国がバラバラの対応をして今日に至っています。国境封鎖が早かった国もあれば最後までしなかった国もある。これだけ世界中に、国境に関係なく広まったウイルスなのに、一国家が対応できるのは自国の国境の範囲内だけでしょう。コロナ感染症だけではありません。たとえば地球温暖化はどうか。これを一国だけで解決できる国があるか。ありえないですよね。

コロナや環境問題以外でもそうです。なぜ、トランプ現象とか、イギリスのEU離脱とか、おかしな政治・極端な政治がもてはやされるのか。僕なりに言うと、明らかにこれは先進国の中間労働者層が困っているからです。低賃金にあえいでいる。俗に言われるエレファントカーブ——先進国の富裕層と新興国の中間層はともに所

図3 エレファントカーブ

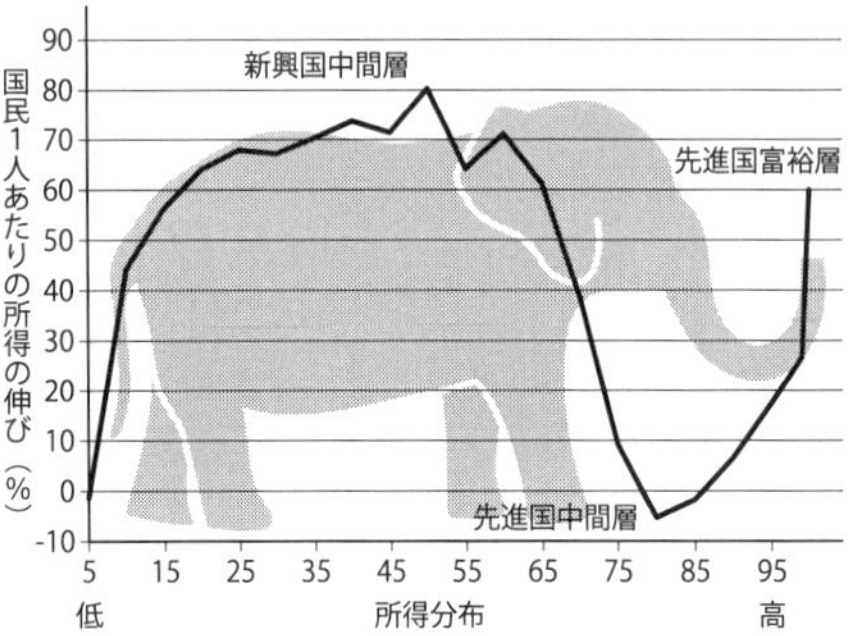

総務省のウェブサイトの資料をもとに編集部で作成

得が伸びているのに、先進国の中間層は伸びていない（その形がちょうど象の姿のように見える＝図3）。つまり工場が海外に移転したり、働く場がなくなったりという先進国共通の現象が起きていて、その一方ではＧＡＦＡ（グーグル、アマゾン、フェイスブック、アップル）のような、世界中から富を吸収しているけどほとんど税金を払っていないような会社もある。これだけ経済がグローバル化しているのに課税や再分配は常に国境の中でしか行われておらず、情報や経済が世界中を闊歩しているけれど、それを管理する術を今の人類は持っていない。

世界中で蔓延しているコロナウイルスに世界的に対処する仕組みも、ウイルスのワクチンを世界各国に効率的に配布する仕組みも世界中で流動化している富の課税環境を世界的に制御する仕組みもない。相似形なんです。こうした問題――世界的な格差・貧困・紛争・テロ・感染症・環境――は経済や社会のサイズが国際化しているのに政治のサイズがローカルであり続けていることによるギャップからきています。こうした点を考えると、21世紀で最も重要な課題の一つは、国際的な統治機構を整えることだと思います。ほぼすべての問題がグローバル化しているのだから、グローバルな統治機構、政治機構を少なくとも20世紀よりはるかに進化させないと、あらゆる世界的課題に対処できない。

だからどの国でもいい、誰か一人でもいい、「いま起きているあなたの国の問題を、あなたの国だけで解決できると自信を持って言える人が一人でもいるのか」という正論を、誰かが国際会議の場で正面から堂々と訴えかけるべきだ。極端に言えば、米中に対して「あんたたち、対立している場合か」というぐらいの叱咤激励ができるような、そういうリーダーシップを日本が発揮したっておかしくないんじゃないか、という思いを持っているんです。

――それを国連総会でスピーチするということですか?

小川　いま申し上げたような思いを世界に伝えるためには、現実的にはそれ（国連総会でのスピーチ）しか方法がないと思います。頼りないと言われる国際連合ですけれど、別のものを新たに一から作るというのはちょっと想像できません。

イギリスが離脱しましたが、ＥＵが（グローバルな統治機構の）一つのモデルになるのではないかと思います。もともと別の国・地域同士で何度も戦争をしていたような国同士がどうやって共通の意思決定システムを作ってきたのか、ＥＵのその知恵と歴史に大いに学び、そこから国連を強化していくべきだというのが私の基本的な立場なんです。

――また性懲りもなく伺ってしまいます。グローバルな問題とローカルな政治機構のギャップというのは大いに首肯するところではありますが、国内の課題だけでも大変なのに、ましてや、日本では、小川さんが言うとおり、いくつもの改革が急務であるのに、わざわざ海外でそんなスピーチをしなくても……と、私はやはり感じてしまいます。グレタ・トゥーンベリさんが（２０１９年９月に）国連で行ったスピーチのように、世界に何かを気づかせるという意味では、大事なきっかけにはなるかもしれませんけど、日本国内の人々にとっては（国連でのスピーチといっても）直接的なメリットを感じにくいのではないかと……。

小川　もしもグローバルな政治機構をしっかり作ろう、国連を強化しようという方向に向かえば、たとえばＧＡＦＡのような企業にしっかりと課税して、世界的な見地から再分配を行えるようにする。ＧＡＦＡとマイクロソフトの時価総額の合計は東証一部上場の全企業の時価総額の合計を超えています。そうした行きすぎた市場原理主義を是正する。タックスヘイブンを利用して脱税のような税金逃れをはかっている企業も同様です。コロナや地球温暖化やテロの問題に世界規模で取り組む枠組みができれば、日本だけでなく世界中の人々が受ける恩恵ははかりしれないものがあるはずです。

それと、いまグレタさんの名前が出ましたけど、彼女が世界中の人々の注目を集めたことで、彼女が生まれたスウェーデンという国もクローズアップされたはずです。つまり、ある人物やアイデアを生み出した国というイメージは、世界的にとても価値のある、世界に大きな影響を与える、いわば「無形の価値」のようなものがあると私は考えていて、そこはもっと注目されるべきだと思っているんです。それはかつての一国家の軍事力や経済力に匹敵するぐらいの国際公益ではないかと、そして、そうした国際公益を訴えるリーダーというのは、国内だけではなく世界的に大きな価値を持つのではないかと、そういう信念のようなものが、私の心の中にはありますね。

100人ずつ3グループで徹底討論

――そろそろ、202e年のシナリオに移りましょう。おそらくここが小川さんの政策論の最大のポイントですね。

まずは、**「社会保障改革国民会議の公募・設置」**とありますが、いったい、これは何ですか？

小川　（あらためて表2を眺めながら）ごめんなさい。このところを202e年としていますが、202d年に前倒ししてもいいな……（独り言のように）急がなけりゃいけないことばっかりなんだよ、本当は……。

（我にかえって）ああ、すみません。話を続けますね。ここでいよいよ本丸の国内改革に乗り出します。今の政府も「社会保障制度改革推進会議」という民間有識者を集めたという触れ込みで諮問会議を行っていますが、政府の好みの専門家を集めているだけのように映ります。僕のイメージでは、とてもじゃないけど、そんな、とってつけたような〝推進会議〟では、この難局は乗り切れない。僕は全国民からの公募による、文字通りの国民会議を招集したいです。抽選でもいい。

そのときに、だいたい100人ずつぐらいの国民会議のグループを3つ作りたいんですよ。1つめのグループは1950年代の人口構成比率に合わせた100人。2つめのグループはいま現在の人口構成比率に合わせた100人。3つめは高齢化率がほぼ極限に達すると言われている2050年の人口構成比率に合わせた100人のグループです。

3グループを作って、大きな会場にグループごとに集める、そうすることで、1950年代の国家、いまの国家、そして30年後の国家を可視化させる。そこでその3グループに徹底的に議論していただく。会議のテーマは次のような感じです。

「みなさん、私たちの社会は、いまこういう状況で、この後はこうなります。これからも日本を存続させるためには、この国の社会保障制度を作り変える必要があります。現行の社会保障の行き詰まりや効率的な給付という観点から、社会保障制度はどこまで必要で、どこから必要ないのか、そういうことをとことん話しあってください」

そのぐらいやらないと、この難局は打開できないと思っています。

ＭＭＴとベーシックインカムについて

――その会議と並んで、ここには具体的な政策もいくつか書いてあります。「ＭＭＴ（現代貨幣理論）による新金融緩和の開始・試験的ベーシックインカムの導入」「炭素課税の開始」「再生可能エネルギー本格導入（再始動）」です。私の理解では、ＭＭＴとは「国がどんどん国債を発行して、つまり借金をして国民の雇用を増やしましょう」という考え方、ベーシックインカムとは一定額のお金を国民に直接配ることで最低限の生活保障をする制度のことですが、より詳しい説明をお願いします。

小川　ＭＭＴによる新金融緩和は自著の『日本改革原案』には書いていません。ＭＭＴの理論が注目を集め始めた２０１９年から自分なりに勉強した結果、通貨発行権を財源にすることで国民に直接給付する――という財政ルートを確立したいと思っています。

安倍政権の時代から始まった日本銀行による金融の量的緩和、国債の大量買い取りによる量的緩和策は、十分機能しているとはいいがたいところがあります。資金の実需が乏しいために、お金が日銀の当座預金に積みあがったままで、市中に出回らないからです。ただし、この量的緩和は失敗だったとは言い切れません。銀行を経由する間接金融ルートではなく、株式市場や不動産市場に資金が流れる、直接金融のルートは一定の成果を挙げています。株や不動産に注入された「創造マネー」のおかげで市場価格が支えられ、投資家に譲渡益や担保価値をもたらしているからです。つまり富裕層を中心に一定の恩恵はもたらされたと言えるでしょう。

そこで、次に検討されるべきは、この創造マネーを、株や不動産を持たない一般国民への直接給付に充《あ》てられないかという、さらなる異次元の措置です。もちろん大きなリスクが伴います。国が莫大な借金をするわけですから明らかに円の価値は下がるでしょう。諸外国や国際金融市場の厳しい視線を覚悟する必要もあります。極端な円安や急激なインフレーション、金利上昇に警戒する必要も出てくるはずです。

それでも、僕は、人口減と低成長下の日本にあっては、ある程度の市場規模を維持するためには試験的なベーシックインカムという形でやってみるべきではないかと、いまは考えています。具体的な計算は省略しますが、最初は1人500円（総額数百億円規模）から始めてみてもいいでしょう。金利や物価、為替動向などを慎重に見極めながら、その次は1000円、さらにその次には1500円と段階的に引き上げる実験的な方法も考えられます。最終的には月7万円程度を全世代の国民に支給する、いわば全世代型基礎年金の役割を持つようにできればと思います。このように要旨だけ述べると、かなり過激な政策のように見えますが……。

――MMTって、そんなに簡単に信用してもいいものなんでしょうか。私にはよくわからないのですが、要は国の借金を無限に認めてしまうという、非常に危険な内容に思えるのですけども……。そんな打ち出の小槌《こづち》みたいなことをやってしまっていいのか。

小川　MMT＝お金を無尽蔵に刷ってばらまく、という打ち出の小槌のような意味合いでとらえられることがありますが、それは幻想です。実際には、一定額のお金を国民に直接配ることで通貨の価値は逓減《ていげん》する、つまり（うまくいくかどうかは別としても）、安定的なインフレを目指すものでもあり、その限りでは預貯金の価値を棄損するものである以上、これも形を変えた国民負担の一種だからです。

いまの時代においては、まとまった預貯金を持っているということ自体が中間層以上ということですから、その方々の負担によって、物価を安定的に引き上げると同時に、国民に一律の給付を行えば所得の再分配効果も認められます。総じて、私はMMT理論、反緊縮、大規模な財政出動を支持する立場ではありますが、その実践には円安や急激なインフレのようなリスクが伴うし、持続可能性という観点からも課題は多いと考えています。

――わかりました。続きをお願いします。

小川　国連総会で大演説をぶった以上、炭素課税をスタートさせます。10年ぐらい時間をかけて少しずつ引き上げていく。同時に再生可能エネルギーを本格導入させたい。10年後にはすべての家屋に必ずソーラーパネルがつき、蓄電池が備わっている。炭素課税を財源とする形にして抜本的に取り組んでいきたいと思っています。

ほぼすべての改革内容を盛り込んだ超大型法案を

――そして、いよいよ最大のポイントに入ります。この表を初めて見たとき、目が釘付けになりました。ある意味で小川改革のクライマックスですね。

〈所得税・法人税・相続税課税適正化及び漸次消費増税・本格的ベーシックインカ

ム・教育社会福祉無償化法案〉

この長い名前の法案を徹底審議し、成立へ持っていくということですね。なるほど、というか、こういうすべてを盛り込んだ超大型の法案1本を作って、一気にすべてを変えていくというイメージなんですね。

小川　そのとおりです。先ほど申し上げた社会保障改革国民会議、そこで十分な議論を行ったあとで、この法案を練り上げます。会議の内容は全部国民に生中継で見てもらったらいいと思います。議論する内容は、所得税や法人税、相続税における課税の適性化、消費税を長期にわたってどのくらいの割合でどのように引き上げていくか、その引き上げにあわせてベーシックインカムをどのように導入していくか、そしてそれらとセットにする形で教育や社会福祉の無償化と抜本拡充など。これらのすべてを包括的に盛り込んだ法案を、1本の形にする。1本の形にするのが重要です。

――すごいな……。

小川　いや、これぐらいやらないと。日本の未来の進路の舵取りをするわけですから。明治維新で行ったぐらいの巨大な改革が必要なわけですから。

――官僚出身の小川さんは法律作りのプロだったからわかるんでしょうけど、こんなすべてを盛り込んだような法案なんて理論的にそもそも可能なんですか？

小川　もちろん。どんなに巨大でも1本にまとめられます。というより、どうしても1本にまとめる必要がある。そうしないと全体の構想が見えないから。この人は何がやりたいのか、それはなぜなのかと、まさに私が政治に関わってきたその理由を法案化する最大の難所に立ち向かうことになるでしょう。その後1年……いや2年審議してもいい。自分が出席して、この法案の必要性を徹底的に訴えます。いずれにしても最後は成立させてもらう。

――成立しなかったら？

小川　（衆議院の）即解散です。そこで政権を失えば即退陣します。政治家も引退します。

国民投票で否決されても「即退陣・引退」

――引退？

小川　小泉（純一郎元総理大臣）さんの時代の郵政民営化解散程度の話じゃないですよ、これは。本当に日本の将来を決める法案ですから。

それと、仮に成立したとしても、直ちに施行する形にはしない。3ヵ月後とか、半年後とかに国民投票を行うべきことを法案の中に盛り込みたいと思っています。法律成立後から国民投票までの間に、この法律によって日本がどう変わるのか、国民にとってどのような意味があるのか、メリットやデメリットは何なのかをワイドショーでも居酒屋でも学校でも家庭でも地域でも徹底的に議論してもらう。そして3ヵ月後ないし半年後、自分の1票でこの法律の施行に対する賛否を国民の意思で決めてほしい。

——ええ？　じゃあ法案が成立しても国民投票で否決されたら？

小川　もちろん退陣します。その時点で僕も引退します。

——法案は廃案ですか？

小川　国民投票で可決されなければ施行できない法律にしておきます。民主制をとる以上、僕は、最後は国民自身の当事者意識と責任感覚を呼び覚まして、そこで自分の役割を終えたい。だから（法案は）国民自身の手で引き取ってくれと。国民投票で可決されれば、この抜本構造改革法案が10年ぐらいかけて徐々に実行されるようにしているので、それが実行されていくということです。その時点でたぶん僕の政治生命は終わっていると思うけど、若干の余力があれば、最後は議員特権の見直しや選挙制度、さらには地方制度改革に手をつけて、道州制に移行を望む地域は移行できるように、そこだけでも手当てできればいいなと思いますね。

——それが最後の202f年に書いてある**「地方制度改革関連法案審議・可決成立」**という項目ですね。

小川 （表2をしばらく見つめながら）……ああ、ちょっと足りないな……。すみません、表には書いていませんが、日本の21世紀の最大の課題は、経済・社会の持続可能性の回復と環境調和、そして対米自立の3点だと思っていまして、対米自立の道筋についても具体的に日米地位協定の見直しとか、米軍基地の整理・縮小とかも将来は必要になると思っています。そしてそれは必然的に中国や朝鮮半島との距離を縮めることを意味するので、外交方針については若干の軌道修正ができればいいですね……まあ、そこまで僕の政治生命が残っているってことはないでしょうけど。

僕は本当に一刻も早く役割を終えて（政界から）引退したいんですから（笑）。

——そんなこと言わないでください。（総理大臣として）まだ始まってもいないじゃないですか……。

大改革には非常大権が必要ではないのか

——話はだいたい伺いました。ありがとうございました。だけどもう少しだけ聞きたいことがあります。

小川　もちろん、どうぞ。

——たとえば、自民党の関係者と話をしていて「野党なんて口先ばかりだ」という話題になることがあります。やや下品でストレートな言い方をすれば、「あいつら、なんでもかんでも反対ばかりしやがって。そんなに言うなら、自分たちでやってみろってんだ」ということです。

もちろん、こんな下品な言い方をする人だけではなくて、もうすこし真面目に言うと、「立憲民主党でも日本維新の会でも、ほとんど政権党だった経験がない連中が仮に政権についたところで、迷子になるだけですよ。永田町は複雑怪奇な迷路のようなものです。どんな政策でも、物事を進めるためには、どの政治家やどの役所の部課に働きかけたらいいのか、どのような方法を駆使すれば先に進むのか、どんな手続きが必要なのか、そういうノウハウや暗黙知に長けていないと、とてもじゃないが政治を前に進めることはできない。国政全般に責任をもつ与党と何の権限もない野党とでは重みが違いすぎます」ということを言われる。

つまり何を言いたいかというとですね、小川さんの壮大な計画はとても面白いと思いますが、もっとスペシャルなチーム、巨大な特命チームを政府内に作って、まずはそこに非常大権、すべての権力を集中させてすべての政策を一気に進めていくとか、そういう一気呵成な感じでもっていかないとこれだけの改革はとても実現できないんじゃないかと思うのですよ。もちろん、その前に、そういう特命チームの法的権限などを決めた法律を作らなくてはいけないかもしれませんが。小川さんがいま話したみたいに数年もかけて、一つ一つ外堀を埋めていくような形だと途中で頓挫してしまうリスクも高いし、その前に小川さんが過労でぶっ倒れてしまうのではないかと思う。極論かもしれませんが、要するに、本当に腹を括って日本の大改革をするなら、「非常大権」型でやっちゃったほうがうまくいくのではないかと思うのですが、そうではありませんか？

小川　非常大権があったほうが楽だとは思いますよ。誰か一人、英雄のような人物が颯爽と現れて、非常大権を使って国の危機を一気に解決してしまいました――というような形ならば簡単だし、速いし、物語としても美しいでしょう。でも、それでも望ましくはないと思います。そりゃ独裁国家に比べたらハードルはそれなりに高いと思いますよ。それでもいまの日本国憲法に定められている権限だけで十分です。

そこには民主主義を守るという固い決意もあるんですよ。民主制を尊重した上で、この民主的な枠組みの中で国民とぶつかったり、諸外国とぶつかったりしながら一緒に解を生み出していく――国民の側にも体感してもらう。そういった激動の時期を体感した日本国民であれば、おそらくその後も、何らかの苦難が日本を襲ったときでも、きっと逞《たくま》しく乗り切れるだろうという感覚がどこかにある。だから、後々の日本のことを考えると、国民もろとも、この厚い壁に一緒にぶつからなくちゃならないと思います。だからといって、悠長に構えているわけではありませんよ。対話を旨としてスピーディにやっていく。対話をエネルギーにできなければ、推進力にできなければ、とてもじゃありませんが、こんなことはやれないという立場です。

――ちょっとナイーブすぎませんかね。そんなタテマエ論にこだわるよりも、日本を国難から確実に救うためには理想だけでは厳しいのではないですか。

先ほど、コロナ対策のところでも、非常時にはお医者さんを大型病院に集約させるとか、医療資源の配分を国家権力が決める必要があるとか、そういう話をしていたじゃないですか。いま、感染症対策の実効性を高めるために私権を一定程度制限する制度を整える必要があるのではないかという、いわゆる「私権制限」の議論も始まっています。本質的には非常大権と私権制限のポイントは似ているような気がするんです。

小川　正直にお話ししますと、最初私は私権制限には慎重な立場でした。このコロナ禍での「緊急事態宣言」というもの、どこか胡散臭いし、安倍さんのようなリーダーが旗をふるのもなんとなく怖いと思っていました。でも、ここ数ヵ月の間で考え方が少し変わってきました。

専門家の方がテレビでお話しされていましたが、感染症対策の要諦は「素早く、強い措置を、短期間で」だそうです。しかしながら、この間の政府の対応は「遅まきで、後追いで、弱い中途半端」な措置だと言わざるをえません。長期間にわたってダラダラと行われた結果、経済も雇用も悪化し、不幸なことに自殺される方も増えています。やっぱり素早く、強い措置を、短期間で行う必要があったのではないかと思います。

２０２１年2月に立憲民主党が「『ｗｉｔｈコロナ』から『ｚｅｒｏコロナ』へ」を提唱したのはよかったと思っています。一度だけ徹底的に厳しい措置を行い、感染を完全に抑え込んで感染者ゼロを達成してから、経済を回復させていこうという内容です。ただ、立民や枝野代表から強制的な措置を含むんだという強い覚悟はあまり感じられません。多少の私権を制限してでも一気に感染症対策を推し進めるという方向性に切り替えるべきだが、それを公言してでも信任されるような政権・政治の体質でなくてはいけないな、というのがいまの私の考えです。

そういう意味では、この章で申し上げた政策を、非常大権のようなものを使って、数年で一気に行うという考え方も必要かもしれません。ただ、それはとても難しい問いかけなので、ここで答えを出さずに、もう少し考える時間をいただければと思います。ただし、私の民主政にこだわりたい、対話をエネルギーとして進みたいという思いは強固なものです。

——わかりました。それでは最後にもう一回、さきほどの自民党の話を蒸し返しますよ。自民党の政治家の中にはたしかにヒドイのがいると思いますよ。でも、マトモな人たちもそれなりにいるのではと思っていて、それは官僚も一緒で、日本のことを考えて一生懸命働いていている人もいると思っていて、今の日本を未来に向けてもっとサステナブルにしなければいけないと思っている人もたくさんいるはずなのに、現実の政治はなかなかその方向に向かってはいかない。これが野党に政権交代したら——あんなに離合集散を繰り返して（いるように見える）、しょっちゅう自民党のスキャンダルばかり批判して（いるように見える）野党に交代したところで、自民党よりもっとうまくやれるのかよ、というのが、大半の国民の考え方に近いのではないかと思います。

小川さんは官僚出身の政治家だから、法案を作るにも、どこの部局のどういう人をどう押せば動くのかに精通しているかもしれませんが、一人でなにもかもやるわけにはいかないでしょう。１００人ぐらいの小さな会社ではなく、１億２０００万人もいる国のマネジメントをするのであれば、もっともっと人を集めるなり、権力を集中させた特別なチームを編成するなり、それなりの人材が揃った特別の部署が必要になってくるのではないかと、そういう話をしているんですよ。

千軍は得やすく、一将は求め難し

小川　それは結論から言うと、大変じゃないはずがないよね。実際、経験しているわけじゃないし、僕もそこはわからない。だけど古来「千軍は得やすく、一将は求め難し」ですよ。自分のことを一将と言いたいわけじゃありませんよ、念のため。

少し生意気に聞こえたらごめんなさい。でも思ったことを正直に言います。

たとえば安倍（第二次）政権は7年も続いた。自民党に優秀な手練れがたくさんいるのはそのとおりでしょう。だけど、安倍政権はいったい誰によって牽引されたのか。安倍さん、菅さん、今井（尚哉・前内閣総理大臣補佐官）さん、この3人以外に代えの利かない人ははたしてどのくらいいたでしょうか。

――う～ん。政治にそこまで詳しいわけではないからその質問には答えにくいです。

小川　この3人のトライアングルがガッチリとかみあっていたときは、3人が結束し、機長と副操縦士と機関士としてそれぞれコックピットに座り、日本という飛行機を巧く操縦していたことは間違いありません。少なくとも日本をどの方向に飛ばそうとしていたのかははっきりしていた。私の立場からすれば、3人がやりたかったことや、やろうとしていたことはどうかと思いますけど。

400人ほどいる自民党の政治家がそれぞれ経験があったり、人脈を持っていたり、手練れであったりするのはそのとおりでしょう。だけど、俺がいるから政権がもっているんだと言わんばかりの人がいるのだとしたら、それは錯覚以外の何物でもないでしょうね。千軍は求めれば得られるんですよ。しかし一将は求めがたい。

そしてこの一将を間違えるとどうなるか。いまの日本は、副操縦士だった方が機長として座っただけで飛行機が揺れだしているのではないでしょうか。おまけに機関士らしい機関士も見当たらない。

政権のコア、核というのはそんなものです。それほど大事なものなのです。しかし、後は代えが利く。「自民には400人も人材がいるのに、野党は……」というのは、そういう捉え方をする人がいるのはわからないではありませんが、それは、もっと抉《えぐ》るように権力の本質にたどり着くと、たぶん「代えの利かない人物」が2〜3人いる。この権力の中枢が、それに耐えられるだけの能力をもっているかどうか、それがすべてではないでしょうか。これはどんな大企業だって、中小企業だって同じだと思います。「千軍は得やすく、一将は求め難し」なんです。

——小川さん、底意地の悪い質問も重ねましたが、真摯にお答えいただきありがとうございました。いまの永田町には新しい軸が絶対に必要だと思ってますので、これからはガシガシ前衛として戦ってください。目立ってください。

ただ、実は裏で変なことをしてたりしてたら、言ってることとやってることが違ってたりしたら、そのときは——小川さんのお父さんの言葉ではありませんが「先頭に立って政治の座から引きずり降ろします」ので、よろしくお願いいたします!

小川　承知しました!

WHEN?

第4章　本当に君は総理大臣になれないのか（後編）

中原一歩

海外赴任

霞が関の異常な労働に限界を感じた小川は１９９９年、英国ロンドンで１年だけの海外生活を経験している。

赴任の希望を出したところ、自治省（当時）の外郭団体「自治体国際化協会・ロンドン事務所」に行ってみないかという声がかかった。小川は二つ返事でこの辞令を受け、明子、３歳の長女と１歳の次女２人の娘を連れて飛行機に乗った。

小川は日常生活レベルならば英語を話せたが、明子は言葉の壁に悩まされた上、ほぼ一人で２人の幼子の育児もこなさなければならなかった。よほど辛かったのだろう、明子は何度か「帰りたい」と漏らしたという。それでも、霞が関の泥のような日常に比べると、少なくとも小川は家族と人間らしい生活を送ることができた。残業はないし週末は休み。時間に追われて仕事をする必要がなかった。英国滞在中は、休日に車を借りて、家族でヨーロッパ中を旅して回るのが何よりの楽しみだった。

スコットランドを訪れたときはある種の感慨を覚えた。かつて赴任した沖縄と同じ運命を感じたからだ。イングランド５３００万人の人口に対して、スコットランドの人口は500万人。沖縄の琉球王国が「琉球処分」という名目で日本に併合されたようにスコットランドもまたイングランドに統合された。小川には、独自の言葉、文化、王朝を持ちながら、隣国の強国に侵攻された歴史を持つスコットランドの存在が、沖縄とダブって見えたのだ。

「わずか1年の滞在でしたが、それまでの凝り固まった自分の価値観が音を立てて崩れるような気持ちになりました」

この海外赴任は、その後の小川の考え方にも大きな影響を与えた。たとえば、英国のグレートブリテン島とヨーロッパ大陸を隔てるドーバー海峡の海岸に立ち寄ったときのことだ。海峡幅約40キロ、晴れた日にはフランスを望むことができるその地で小川はしばし思索に耽った。

「日本は、他国と国境を接していない、つまり、侵略されるという危機感が長らくなかった完全な島国。だからこそ、『同調圧力』『村八分』『和をもって尊しと成す』といった内向きで集団の協調を尊ぶ国民性が形成されたのではないか。一方、英国は文字どおり目と鼻の先に、いつ敵になるかもしれない大陸が控えている。いつ侵略されてもおかしくないという危機感が、英国人の視界を外部へと開かせたのではないか。

その結果、鎖国を選んだ日本とは真逆に、英国は世界に乗り出し、繁栄を遂げていったのではないだろうか」

海外をつぶさに眺め、日本と比較することで、逆に日本の立ち位置について小川は深く考えるようになった。そして、学生時代から抱いてきた未来への漠然とした危機感とあいまって、政治家になった後の基本的な思考の鋳型を手にすることになる。それは次のようなものだった。

——今日、人類が直面している危機は、地球と人間のアンバランスから生じている。地球の大きさは変わらないし、化石燃料の埋蔵量は有限だ。なのに、近代発展の結果、経済は成長し、人口も急増した。つまり、あらゆる課題が地球の有限性に端を発している。そして古来より、日本は「島国」という国家の有限性と向き合ってきた。狭い国土で、人々が共存できる知恵を育んできた。国土の有限性を意識し続けてきたそんな日本人の知見と感性をもってすれば、地球の有限性という壁にぶつかった世界の新たな秩序をリードできるのではないだろうか——。

やがて小川は日本という国をめぐる、うねる、大きな歴史の流れのようなものに思いが至る。そして、以後、小川自身のキーワードとなる「持続可能性」という言葉を頻繁に使うようになる。

官僚という仕事への違和感

英国から帰国した小川は、金融庁への出向を命じられる。出向した2000年は大蔵省（当時）が財務省へと衣替えする直前でもある。配属されたのは「金融庁信用課」。金融恐慌によってそれまで封印されていた「ペイオフ解禁」を具体化するための中心的な役割を果たす部署だった。

「ペイオフ」とは英語で「払い戻し」を意味する。金融機関が倒産した場合、預金者を守るために、日本政府は1000万円とその利子までは預けていた金額を保証するという仕組みを1971年から段階的に導入していた。ところがバブル崩壊以降、金融機関の倒産が相次ぐと、本来は預金者保護の制度だったはずの「ペイオフ」の制度に不安を示す声が高まってきた。政府は緊急の対応として、日本の金融システムが安定するまで預金額全額を保証する制度を導入した。これを再び1000万円と利子までに戻すのが「ペイオフ解禁」である。小川は課長補佐として、チームに加わった。

ところが当時は、誰が、どの銀行に、いくら預金しているかという情報が全くなかった。一人の顧客が同じ銀行に複数の口座を持っていることさえ把握するのが困難だった。今と違って企業の口座開設の審査が緩かったためだ。マイナンバー制度もない時代なので名寄せすらできない。

「まさに『半沢直樹』の世界ですね。金融庁の担当として預金保険機構や銀行協会と協議を続けながら、ペイオフ解禁の船出に最前線で関わりました」

小川が官僚を辞めて政治家になろうと思ったのはこの頃だという。官僚という仕事についてはっきりと違和感を覚えるようになった。いや、正確に言えば、入省から3日目には霞が関の限界に気がついていた。

「官僚の世界には優秀な人物が溢れています。けれども、その優秀さにも限界があるなと思ったんです。彼らは自らに降りかかるものに対処する術こそ見事だけど、すべて小手先のように映りました。役所にとって一番大事なものは、日本国でも、日本社会でも、日本人でもない。自分の役所なんです。私は世の中において何が本当に必要なのか、という立場に立って、もっと根本的、本質的な仕事がしたかった」

どうすれば組織（省庁）の既得権を守れるか。「省益」への貢献こそが出世の早道という「私益」の実現に繋がる。小川が入省3日目で覚えた違和感の正体だった。ただ、当時はその直感が間違っている可能性があるとも思った。そうであるならば自分が最前線で仕事ができるようになるまでは辛抱してみよう。今は修業の身だ。小川のモチベーションはそこにあった。だが30歳を過ぎ、その辛抱も限界に近づいていたのだ。

「俺たちは自民党の下請けではない」

「このままでは、いつか自分も霞が関の水に染まる」

自治省に入省当時、小川には18人の同期がいた。皆有為かつ有望な人物で、周囲に憚《はばか》ることなく「国の役に立ちたい」と公言する者ばかりだった。だが、組織に入ると、いつしか、その気高い志は組織の論理や利益に搦《から》め捕られ、出世競争と相まって人生の足枷《あしかせ》となっていく。厄介なのは、「省益」という名の私益が「国益」に適うと当の官僚自身が信じてしまうことだ。否、人間は信じたい生き物だ。自分の行いが正道に反すると頭では理解していても、「国益のためだ」と考えることで難なく実行できてしまうのだ。

「自分の仕事は本当に世のため、人のためになっているのか」

官僚の多くは月日を重ねるうちに、そんな自身への問いかけさえ忘れてしまうと小川は言う。入省以来、自治省の内外を含め幾多の官僚と仕事をしてきた小川だが、組織益という名の私益に染まらずに、己の意志を貫き通そうと闘っている人、抗い続けている人物はほぼ皆無に等しいという。それでもそういう人を責めることはできない、自分だっていつ転ぶかわからないのだから——。

小川という人間を知ろうとすればするほど、この男が強烈に自分を律しようとしていることがわかる。東大法学部卒・中央官僚から政治家というエリートであれば、それなりの誘惑や機会もあるはずだ。そして彼も人間である以上、無欲でいられるわけがない。だが、彼は必死で自分を抑えるのである。

ただし、自治官僚時代の小川にはしばしば耐えられないことがあったようだ。「今の自分は修業の身だから我慢するしかない。我慢するしかない……」と唱え続けながら、上司に反発することもなく、日々の業務をこなしていたこともある。

まさに「修行僧」なのである。

それでも、どうしても許せないと思う連中もいた。小川にとってもっとも許せないのは、「権力を預かる立場にありながら、その立場に見合う公共心、社会のために尽くそうとする心を持っていない奴」である。こういう人間は国や国民、社会にとって害悪となる可能性があるからだという。

普段は穏やかな物言いの小川が少しばかり声のトーンを荒らげ、「奴」呼ばわりしたのが印象に残った。

そして、そういう意味では、小川の目にはむしろ官僚以上に政治家の中に「許せない奴」が多かった。役所の仕事を通じて歪《いびつ》な政官関係を幾度となく目の当たりにしていたからだ。

かつて、「税制改正大綱」をまとめる仕事をしていたころのことだ。当時の橋本龍太郎首相が2兆円の特別減税を打ち出した。一口に減税と言っても、政府は所得税と住民税をワンセットで考えていた。その上、減税の引き下げ幅についても、なんら具体的な理念があるわけではなかった。引き下げ幅に何の哲学もないのは明らかで、すべてが役所に丸投げされたのだった。もっとも強い権力を持つ政治家は何一つ決めることができず、税に関係する大蔵省と自治省の官僚が、来年度の予算を減らされてはなるものかと徹夜の折衝に臨んだ。まるでヤクザの縄張り争いのようで、末端の小川の目には不毛に映った。

何より歪に感じたのは、自分が担当係長として作文した法律のタイトルに〈自民党税制改正大綱〉と「自民党」のクレジットが入ったことだった。

「なんだこの政官の関係は。俺たちは国家に奉仕する行政職であって自民党の下請けではないぞと何度も思いました。何で政府ではなく自民党なのか。だけど、上司に文句を言ったところで何が変わるわけでもない。今は我慢しようと自分に言い聞かせました」

政治と官僚の歪な関係

減税をめぐっては、こんなこともあった。政治家に転身したあと、小川は民主党政権下で総務政務官となり、税制改正に政治の側からも関わったことがある。その時、小川らが導入したのがサンセット方式（政府の組織や制度、事業などを、あらかじめ法律で終わりの時期を明示しておく方式）だった。

「一口に減税と言っても、対象となる一部の業界・団体には喜ばしいことですが、本来は不公平なものです。ある業界に限定した特例措置も同じ構造です。だから私は『特例を作るのは構わない。ただサンセット方式にしろ』と。今年半分減税したら、翌年は3分の1、翌々年は4分の1、それで特例措置はお終いにする。終わりの日を規定した時限法にしろと。こうした要求は政務官という立場になれば可能です」

それでも優遇措置を続けてもらいたい業界や団体は、政治家に頼み込んでサンセットではなく、たとえば「2年で見直す」案を導入させようと目論む。2年後に「再び要望」を出して優遇措置を続けさせようとズル賢いことを考えているのだ。こうして、特定の業界・団体と癒着した「族議員」が生まれる。これは与野党関係ない。政治の側も陳情に訪れた業界や団体に、パーティー券を売るなどして権益を得ようとする。

「こうして相手に『恩』を売り重ね、カネと票を手に入れるのが今日の政治です。霞が関もある意味で族官僚的な世界でした。国益よりも私益を優先する族議員に奉仕してこそ自分たちも出世できるのですから」

小川からその話を聞いたとき、「森友学園」の国有地売却をめぐる財務省の公文書改ざん問題をどう思うか尋ねてみた。公文書の改ざんに関与させられた赤木俊夫氏が自死に追い込まれている。まさに、小川の言う「省益」と「国益」との狭間で悩み苦しみ、上司からの命令とはいえ改ざんに手を染めてしまった自分を責めての死だった。

財務省が改ざんに乗り出したきっかけは、安倍晋三前首相の以下の発言だったとされている。

「私や妻が（この国有地売却に）関係していたということになれば、それはもう間違いなく総理大臣も国会議員もやめる（２０１７年2月17日衆院予算委員会での発言）」

財務省が公表した調査報告書によれば、この答弁のあと、安倍昭恵首相夫人の名前が入った書類について、夫人付の職員から財務省に問い合わせが入り、そこから記録の廃棄が進められたとされる。自死した官僚の上位にいた当時の佐川宣寿理財局長（当時）ら関係者はほぼ全員があからさまな出世を果たすという残酷な人事が行われた。

「自分が赤木さんの立場にいたら、同じようにもがき苦しんだと思います。巨大な組織で働いた経験のある方であればわかっていただけると思いますが、組織内で上司の命令を拒否するということは、『（組織を）辞める』と同義語です。つまり存在矛盾なんです。公文書を改ざんするという行為が、末端の役人にとっていかに恐ろしいものであるかは部外の方にはわからないところもあるかもしれませんが、赤木さんが受けたプレッシャーというのは想像を絶するものがあったと思います」

国会に参考人として招致された佐川が苦しい弁明を行っている様子をテレビで見た妻・明子は、小川にこう言葉をかけたという。

「早く官僚を辞めて本当によかったね。テレビを通じて全国民の前でウソをつかされる。あなたは絶対に耐えることなんかできないよ」

自分だったら死ぬ前に戦ってやる――小川はそう口にしたものの、実際にはその状況に追いやられてみないと何もわからないだろうと思ったという。

赴任先の市長の教え

脱官するか、このまま留まるか。悩む小川に2001年、再び辞令が舞い込む。

愛知県の北西部に位置する春日井市は、当時、小川の地元である香川県高松市よりやや小さい30万人都市だった。高松市は県庁所在地だが、春日井市は名古屋という大都市のベッドタウン。この春日井市の生活基盤を整える企画調整部長に任命されたのだ。このポストは歴代、自治省のキャリアの登竜門になっていた。

ここで小川は地方自治体ではあるが、政治に直接関わるダイナミズムを体感することになる。当時30歳の企画調整部長の下には、自分の父親世代を筆頭に70人の部下がいた。市長は鵜飼一郎。1991年から2006年までの4期15年、同市の市長を務めた人物だった。この鵜飼との出会いが、後に小川が政治家を志す大きな契機となる。

小川に任されたのは名古屋市中心部から北へ10キロの距離にあり、春日井市をはじめとした3市1町にまたがっていた「名古屋空港（現県営名古屋空港）」に関するものだった。2005年に中部国際空港が開港することが決まっていたため、その後の名古屋空港をどのように活用するかが議論になっていた。空港の隣接地には、航空自衛隊の小牧基地があった。ある日、鵜飼が小川に言った。

「中部国際空港が誕生し、民間機がいなくなると、名古屋空港は完全に軍事空港になってしまう。市民の生活を考えてもそれはまずい。数機でいいから民間機を残せないだろうか」

小川は、愛知県、国交省、防衛庁（現防衛省）、近隣市町村に通いつめ、市長と二人三脚で対応にあたった。市政はもちろん国政ともつながる重要なミッション。失敗は許されない。結局、名古屋空港は小型航空機の拠点空港として、中部国際空港の開港後も運用され続けている。

その年の夏のことだった。台風が接近するというので市長以下、市役所の職員は庁舎に集まって警戒態勢をとっていた。その時、鵜飼が災害と向き合う心構えについて、小川にこう諭したという。

「今から台風が来る。想定外の被害が出るかもしれない。直撃すれば被害は広範囲なものになるだろう。そうなれば市民からの批判は役所、そのトップの市長に殺到するはずだ。台風が直撃するのは私のせいか？　違うよな。だけど、どんなに理不尽な批判がきても、全部、私が受けとめるしかないんだ。市長に文句を言わなくて誰に言うのだ。すべての責任は私が持つ。だから、その気構えで当たってくれ」

小川は鵜飼のもとで仕事を続けながら、しばしば興奮にも似た刺激を覚えた。

「リーダーは言い訳をせず、黙々と事態に対処し、すべての責任を負うものだ」

「リーダーとは、その都度その瞬間で政治判断を繰り返しながら、事に仕立て上げてゆく政治手腕を必要とする」

その一方、「政《まつりごと》」の何たるかを察するようになったのもこの時期だった。来年度の予算を義論する庁内会議で、鵜飼がポツリと「今年は選挙だなぁ」などと低い声で唸る。鵜飼といえども、市長というポジションをフル活用して自らの選挙に有利な予算立てに余念がないのだ。その意味でも鵜飼は優秀な政治家だった。

鵜飼市長の傍につき、彼の仕事の進め方を目のあたりにし、時には直接言葉で薫陶を受けながら、小川は次第に「政治」という仕事に魅かれるようになっていく。日本という国家は高度経済成長以降の右肩上がりの成長期から、すでに成熟期を迎えて久しく、やがて人口減少と高齢化によって衰退期へと向かってゆく。日本は経済成長から持続可能な社会へ質的転換を果たす必要があるのではないか。そして、その役割を果たすことができるのは官僚ではなくて、「力」と「責任」を持っている政治家なのではないのか。いったん、そう思い始めると、文字どおり「いても立ってもいられなく」なった。

「少しでも国の役に立てればと思って選んだ官僚の道でしたが、どうもしっくりこない。自分の進んだ道は本当に日本の役に立っているのかという煩悶。むしろ役所がやっていることは時代に逆行しているんじゃないか。省益という既得権を擁護しているだけなんじゃないか。このままでいいのか……自分でも青臭いことを言ってるのはわかってるつもりなんですが、どうしても納得がいかなかった」

そんな時、しばしば小川は父の言葉を思い出した。

「政治家にはロクなものがいない。官僚が立派だからこの国は良くなったんだ……」

親父、違うんだよ！　小川の心の奥底でザワザワと志が揺らぎはじめた。

官僚を辞めて政治家を目指そう――入省するまでは考えもしなかった道を小川は進むことに決めた。

自分以外は全員猛反対

脱官して地元の高松から政治家をめざす。そう決めた小川の前に立ちはだかったのは父親の雅弘だった。

「いい気になるなよ！」

「気でも狂ったか！」

「何様のつもりだ！」

説得のために電話を何度かけても頑として首を縦にはふらなかった。

雅弘が猛反対するのには理由があった。小川が立候補すると言い出した地元の香川1区には地盤・看板・カバンともに盤石の政治家がいた。自民党選出の平井卓也（63歳・現デジタル改革担当大臣）である。政治家一族の三代目にあたる平井は、親族が地元の新聞・テレビ・ラジオを経営しており、香川では「王国の主」とも呼ばれている。

どこからどう考えても小川には勝ち目がなかった。地元で美容室を経営していた雅弘は、商売を通じても相手候補の圧倒的な強さを十分すぎるほど知っていた。

「自分の息子でなければね、喜んで最初から応援していたと思いますよ。『別の地域からの立候補（の可能性）はないのか』と聞くと即座に『ない』とほざいたものですから、『お前は何も分かっていない！』と、ついつい強い口調になってしまった」

小川の決断に妻の明子も最初は激しく動揺したと語る。

「官僚を辞めるのはともかく、政治家になると夫が変わってしまうんじゃないかって思っていました。政治家というとにかく怖いというイメージしかなかったので」

小川の脱官を支持する者は誰一人いなかった。そして、生まれて初めての、抜き差しならない父親への抵抗となる。遅れてやってきた30歳での反抗期だった。

「親に逆らう息子を何とか認めてほしいという思いと、落選したら2人の娘をどう育てていけばいいのかという父親としての不安とで、悶々とした日々を送りました」

決意から実に2年のあいだ、息子と父親は互いの主張を一切認めようとはしなかった。


「子供には辛くあたりすぎました。後悔しています」


だが、そんな生活の中で、小川自身もあることに気づく。父親が初めて自分の意思とは異なる道を選ぼうとする息子を認めないのと同じように、小川もまた、自分の娘に対して自分の意思を押しつけるような態度を事あるごとにとっていた。

「あるとき、なんで親父は自分の決断を認めないのかとふと思ったとき、じゃあ、自分は娘に対して、親の意思を押しつけていないかと親父を反面教師として考えたことがありました。思いおこせば娘はいつも『お父さんは厳しい』『怖い』『自分を認めてくれない』と言って距離をとっていました。そのとき、これまで自分がどれだけ理不尽な態度で娘に接してきたのか、次々と思い出しました」

娘がまだ2〜3歳だった頃のことだ。自力での歩行がままならない我が子に対して、小川は厳しい躾《しつけ》を行った。ストイックなほどに自分を律することができ、自分を律することがある意味「喜び」でさえあるような性格の小川にしてみれば、なぜ、自分の子供が自分を律することができないのかがまったく理解できなかったし、己を律することができない人間では困るというのが小川の考えの根底にあった。

日常生活の中で泣きわめく子に対して「泣くな！」。公共の場では「和やかにしろ！」。どんな場面でも「わがままを言うな！」。「なぜ自分を律することができないんだ」と突き放したことも二度や三度ではない。今から考えれば、泣きわめく子供をさらに叱るのではなく、よしよしと抱きしめてやれば良かったと心から後悔している。だが、その当時は、子供への厳しい物言いに激怒した明子から「酷《ひど》すぎる！」と面罵されても、そこまで気が回らなかった――小川はそう話す。

「始末に困る人ならでは、国家の大業は成し得られぬなり」

2003年。衆議院が解散され国政選挙が行われる年となった。そろそろ、進退をはっきりさせないといけない段階になって、小川は父をはじめとする家族・親戚に最後の説得を試みる。

「ここでやってみなかったら（選挙に立たなければ）俺は死んでも死にきれん！」

その言葉を聞いた明子は、「死んでも死にきれない」という言葉を口にする人間を前にして、それが親であれ子であれ、誰であっても、他人が止めることは絶対にできないなと覚悟を決めたという。

「私が初めて出会った頃から夫は『世のため人のため役に立つ人間になりたい』と言っていました。『その思いの生きる場所が自治省だと思って役人になったけど、やっぱり違った。自分が本当にやりたいのは政治家なんだ』って。あの『死んでも死にきれない』という言葉を聞いた時、夫がそこまで言うならば、その決断をした夫についていくのか、いかないのかを私自身もはっきり決めなくちゃならない。これは自分に対する問いなんだなと思いました。そして、（まだ自分で決めることができない）娘2人分の委任状を託されているんだって思いました」

夫がやろうとしているのは、決して悪いことではない。けれども、あの悪名高い政治の世界に足を踏み入れたら、人間が変わってしまうのではないか。夫をそんな危険な道に進ませてもいいのか——そして、さらに明子は考えた。待てよ、そんな恐怖の元になっているのは、まだ見たこともない政治という世界への先入観。だったら、やる前からあきらめさせることはやめよう——これが明子の出した答えだった。

最後通牒を出した小川の元に雅弘からの返答がきたのは、その数日後だった。舞い込んだ一枚のFAXには冒頭、「父親として息子にこんなことを言うのは忍びない」という詫びに続き、次のような文章がしたためられていた。

〈命もいらず名もいらず、官位も金もいらぬ人は始末に困るものなり。この始末に困る人ならでは、艱難を共にして国家の大業は成し得られぬなり〉

幕末の名士・西郷隆盛の『南洲翁遺訓』の一節だった。

「命も功名も出世も金銭も要らないような人間は始末に困る。だが、そんな人間でもなければ、辛い苦労に堪えながら国家の大事を成し遂げることはできない」

父からのゴーサインだった。そして決断をした息子に、地盤も看板もカバンも与えてやれぬ親で申し訳ない、という気持ちは胸に秘め、息子にこう毅然と言い放った。

「政治の道に進んだとして、お前の志が寸分でも違うな、変わったなと思った時は、その先頭に立って政治の座から引きずり降ろすぞ」

このFAXを眺めながら、自分が父の立場だったとして、息子が同じことを言い出したら、きっと自分も反対するだろうなと小川は思った。

「政治哲学」に関する謎

父との和解を経て、2003年秋、小川は地元高松から立候補する。父親の懸念が的中し、小川は平井に1万6000票以上の大差をつけられて初陣を飾れなかった。小川が永田町入りするのは2年後の2005年のことだ。

取材を重ねても、どうしてもわからないことがあった。小川の政治哲学のようなものはどのように醸成されたのか、ということだ。自らを「日本を良くしたい政策オタク」と言い切る小川だが、いつから社会や政治について関心を持つようになったのか。そのきっかけは何だったのか、実はその肝心な部分がいまひとつわからないのである。政治を志す人物という者は概《おおむ》ね、少年期や青年期といった若い時代に政治に関わるきっかけとなる原体験を有する。しかし、小川にはこれといった「現場」がなかった。

客観的に見れば「勉強も運動もできた」小川は、世に言うところの優等生だ。政治家を目指すまで父親と衝突したこともなく、思春期にありがちな反抗期もなかった。家は決して裕福ではなかったものの、小川を含めた3人の兄弟はともに大学に進学している。世間一般でいう挫折もなければ、不自由を感じたこともない。つまり、自分を取りまく環境に何ひとつ不満も不自由も葛藤も感じなかった青年が、なぜ「日本を良くしたい政策オタク」に変貌したのか。その動機がいまいちはっきりしないのだ。

「大学生の頃から、漠然と日本という国の未来について考えていたと思います。といっても、なにか社会的な使命感に燃えていたりしたわけではないので、ボランティアをしたり、海外を放浪したりといったこともありません。でも気がつけば『この国はどうなるんだろう』というようなことは常にボンヤリと考えていました。もちろん何の結論も出ませんでしたけど、政治家になって、あのときボンヤリと考えていたことの答えが見つかるようにはなったかな」

そこがわからない。小川は二言目には「常に考えてきた」と言うが、そもそも小川にとっての「考える」とは何を指すのか。

最初に思ったのは、小川が人並み外れた読書家ではないかという仮説だ。会話の途中に「孔子」「ソクラテス」「プラトン」といった自己啓発の元祖のような偉人たちの言葉が並ぶ。政治活動を行ううえで迷ったり、考え込んでしまったりするようなときには福沢諭吉『学問のすゝめ』や新渡戸稲造の『武士道』をひもとき、本人曰く「スルメを噛むような気持ち」で読み進めるという。ただし、こうした古典に興味を持ったのは政治家になってからだという。

「もともと本なんてロクに読まないタイプです。ただ、司馬遼太郎の『竜馬がゆく』は子供のころから大好きでした。やっぱり、時代が音をたててガラガラと変わるような変動期の物語、価値観を問い直すような歴史のダイナミズムとかが好きなんです」

多読家ではない。「本」という世界に自らの居場所を求めたわけではなさそうだ。

本でないとすれば「人」だろうか。世に言う「メンター」などの助言者が小川にいるのかと思い、こちらも探ってみたが、結論は「いない」だった。東大時代の講義も小川には大して刺さらなかったようで「つまらない時間」だったという。「恩師」と呼べるような人物が小川にはいない。あえて言うなら、父親の雅弘と、前述した春日井市長の鵜飼ぐらいなものだろう。

沖縄に赴任した時、小川は直属の上司からこう評されたことがある。

「君は本当に人の話をよく聞くよな。だけど、人の意見に自分が左右されることが全くない男だな」

有り体に言えば小川の人間像は20歳前半には固まっていたと思われる。やはり謎なのである。

小川の行動を観察していて、もしかすると、この男は人間に興味がないのかと思ったこともあった。本人の名誉のために、より正確に言うと、小川自身と同じぐらいに政治や社会のことを考えていない人間に対しては、人間的な興味が湧かないのではないか——という意味である。逆説的に言えば「日本のことを考える」ことこそが小川の趣味であり、その行為は人と連《つる》むことを必要としない。

スポーツマンシップがあるので個人プレーよりチームプレーを重んじる。ただ、積極的に人と連むことはしない。だから、自分よりも党の決定を優先させる「党の組織論」とは距離を保つ。その一方で「和を以て貴しと為す」精神も体に染みついており、最終的なチームの「合意」には不満は覚えても最終的には従う。リーダー気質だが、人を差し置いてそのポジションを奪いにいくようなことはしない。ただ、チーム全体を常に俯瞰し、困っている人、弱っている人、気分を害している人がいないかは気になる性分。熱血漢の小川が中央官庁で9年、官僚として働き続けることができたのは、ある種、極めて日本的な上意下達の組織の構造が、後輩は先輩を必ずたてるという運動部の慣習と似ていて、案外、小川はその環境に適合していたのかもしれない。

小川の高校時代の同級生であり、2021年5月まで朝日新聞の政治部記者だった鮫島浩は、小川の生きざまの支柱は、田舎の秀才にありがちな強烈なエリート意識だという。ただし、それは知識レベルをひけらかし、威張り散らすといった類のつまらないものではない。明治以来、時代に選ばれた（時代に選ばれたと勝手に思い込んだ）一握りの優秀な人物が、自分には民衆を正しき方向に導く使命があると考える（思い込む）。自分にはそれだけの責任があり、その使命を果たさなければならないという強烈な意識だという。そして、その源流には、やはり父・雅弘の影響があると鮫島は見る。

「人間はこうあらねばならぬ、という『あるべき論』が体の芯まで叩き込まれている。それに限りなく忠実な自分であろうとストイックなまでに意識しているのが小川です。疲れることも当然ある。だから突然、雲隠れしたり、目的もない旅に出たりする性分なんです。そうでもしなければ自分を保つことができないのだと思います」

小川のルーツについて鮫島からそう言われたとき、かつて小川から聞いた「長い夕飯」の話を思い出した。

前述したとおり、小川の両親は共働きで、小川は鍵っ子だったが、毎日の夕飯だけは家族全員が共にした。夜の食卓は父親の独壇場だった。小川少年にとって雅弘はこの世でもっとも怖い存在だった。食事のとき、縮みあがっている息子に向かって雅弘は世の中を説き続けた。

「みんなと同じだけどみんなと違う、みんなと違うけどみんなと同じと言われる人になれ」

「上に可愛がられるか、下から慕われるか、両方が理想だが、それは難しい。どちらかひとつなら下から慕われるほうが望ましい」

「いつ辞めてもいいと思っている欲のない奴には敵わない」

小川は今でも時折、この夕食の光景を思い出す。

「この食事の時間が長いのなんの。親父はここで繰り返し、繰り返し、子供を相手に熱弁を振るいました。それが毎日夜の7時から9時まで2時間近くも続く。正直、うんざりすることもありました。ただ、非生産的な時間ではありましたけど、不思議と苦痛ではなかったのです」

やはり、小川の政治哲学、人生哲学のかなりの部分が父親から与えられたという結論に落ち着きそうだ。

「希望の党」騒動をめぐる混乱と後悔

政治哲学の話が出た以上、小川の政治的なポジションについても触れておきたい。

小川は自身の政治的な立ち位置を「枝野幸男より右、前原誠司より左」と表現する。中道左派勢力と中道右派を目指す勢力との間――正真正銘のど真ん中＝「中道リベラル」という解釈である。小川の発言や振る舞いを見ていると、外交では対米従属を緩やかに解消し、中国や韓国などアジア諸国との連携を唱えるなど、政治観は枝野に近い中道左派に傾いているように映る。その一方、２０１６年に民進党時代の代表選に出馬した蓮舫の二重国籍問題を厳しく批判・追及するなど、保守的とも受け取れるような行動をおこしてもいる。映画『なぜ君は総理大臣になれないのか』の監督として小川を追い続けた大島新は、「(小川は) 中央官庁出身だけにリアリティーを持って

『国を運営する』という意識があるので、いわゆる『左派』とは一線を画している。その反面、自分が庶民の出であるという点にこだわりが強く、自民党から（出馬）という選択肢が初めからなかった。そういう意味で、自民党の保守系にシンパシーを感じているわけでもない」と語る。

一言で表せば、小川には枝野や前原のような「わかりやすさ」がないのである。

野党内には、外交や安全保障政策に対するスタンスの相違が左派と右派の間で活断層のように広がっており、その溝がしばしば分裂を引き起こしてきた――小川はそのように断言する。「歴史の流れを見れば明らかだ」と。サンフランシスコ講和条約の賛否によって１９５１年に当時の社会党は左右に分裂、４年後に統合を果たしたものの、１９６０年に日米安全保障条約に対する対応をめぐり、再び社会党は民社党と左右分裂、同様の分裂はその後も繰り返されてきた。

最近では２０１８年の「希望の党」騒動がまさにその例に該当するだろう。前原率いる民進党と、小池百合子が立ち上げた「希望の党」が合流を協議するが、主要政策で相容れない民進党の議員は受け入れないという、いわゆる小池の「排除」発言が出て状況は混乱する。この発言に反発した民進党内のリベラル派が枝野を代表とする立憲民主党を立ち上げ、またしても野党勢力は分裂してしまったのだった。当時、前原グループの若手筆頭であり最側近の一人だった小川はさんざん悩んだ末に希望の党への所属を選択し、総選挙を戦うことになる。

この混乱期のドタバタに苦悩する小川の姿は、前出の『なぜ君は総理大臣になれないのか』の見所の一つになっている。勢いはあるが、傲慢さの目立つ小池が率いる「希望の党」から公認を受けるのか、あるいは「無所属」で出馬するのかで揺れるも、苦慮の末に前者を選択する。映画を撮った大島は、小川の苦しい胸の内を垣間見たという。

「集会で、支持者の男性から『小池さんには不信感があるから、希望の党には行ってほしくない』と懇願された時、小川は『(小池さんは)眉唾だと思ってきたが、「安倍首相を倒す政権選択選挙だ」と言った彼女を、今回は許容範囲としたい』という、苦しい回答をしていた。選挙を戦っている最中も『(自分とは安全保障や憲法に対する考え方が異なる)希望の党から出馬していいのか』とずっと悩んでいた。この人は政治家に向いていないのではないかと思ったこともあります」

ほかならぬ小川の本音が映画本編の中でも紹介されている。

「ずいぶんおかしな方向に振れましたね。安保と憲法で踏み絵にして、〝排除します〟。……まあ（小池さんは）調子に乗りましたよね。むしろ（今の僕の立場は）打倒小池ですよ。いや、本当に、変な感じになっちゃったな……」

希望の党公認で出馬した小川は、五度目となる小選挙区での敗退、四度目となる比例復活を経て五度目の当選を果たした。

政治信条からすれば最初から「無所属」で出馬したかったかもしれない。「酷な言い方をするならば、あのとき無所属を選択できなかったのは小川の『弱さ』だ」と大島は指摘しているが、仮に無所属であれば、当選はほぼ望めなかった。比例復活がなければ2年後の国会質疑での「統計王子」の活躍もなかったし、下手をすれば、そこで政治生命が終わっていた可能性もある。非常に難しい選択であったことは間違いない。

選挙後の希望の党の総会で、小川は（希望の党としての）首班指名は立憲民主党の枝野幸男にすべきだと、小池本人を前に演説。事実上、民進党を解党させ、希望の党合流を画策した前原ともこの時点で袂《たもと》を分かつことになる。その後、希望の党は解党され、小川と同じ香川出身の玉木雄一郎を代表とする国民民主党が誕生するが、小川は同党には参加せず無所属の道を選んだ。

２０２０年9月、立憲民主党と国民民主党、旧民進党の流れを汲む無所属議員らが合流し、結党された新・立憲民主党に小川も入党、現在に至っている。旧民主系の議員が大きな塊になって巨大与党と対峙しなければ、政権交代の実現は困難だからだ。

小選挙区に勝てない苦しさ

新・民主党が誕生した際、同じタイミングで行われた同党の代表選に小川を擁立しようという動きが党内の若手中心に起こった。推薦に必要な人数は20人だったが、結局、あと数人足りなかった。小川はこのとき、「もし、20人の推薦状が届いた場合、どうするか」と真剣に悩んでいた。小川には2つの足枷があった。

一つは3年前の「希望の党」で味わった苦い騒動。小川は前原誠司衆議院議員の側近として党を分裂するきっかけを作ってしまった責任も感じていた。もう一つは小川自身が小選挙区を勝ち抜いた、いわゆる「金バッジ」ではなく、比例での復活当選という「銅バッジ」議員であるというコンプレックスである。

「私はこれまで選挙に六度挑戦して、選挙区で勝てたのは一度しかありません。一般の方にはなかなかご理解いただけないんですが、小選挙区選出と比例復活では所属する党内でのプレゼンスが大きく違ってきます。そもそも、比例復活の議員が党首になるというのはおかしな話なんです。政党の党首とはいわば『党の顔』であり、内向きには、党内の他の立候補者を当選させるのが大きな仕事です。しかし、そのトップが選挙区で勝てないという現実は笑えないパラドックスですよ。代表選にお声がけいただいたときは、改めて選挙区で勝ちきれない自分の不甲斐なさを恥じました」

まずは自分自身が自民党にとって代わる選択肢にならなければならない。その先にしか「国家の大業」を成し遂げるチャンスは巡ってこない。

普段の活動、たとえば国会で総理に質問をぶつけたりするときに、比例区選出であることを理由に己を卑下したり、劣等感を持ったりすることはないと小川は断言する。だが、1996年に小選挙区制度が導入されて以降、議員が選挙区で当選したか否かは、その議員の実力とみなされ、権力の地盤となる。議員本人だけではなく、支援者や後援会の実力のバロメーターでもある。それは相手候補がいかなる大物であったとしても。いや、大物だからこそ勝って議席を手にする意義があるのだ。

一方、拘束名簿式が導入されている衆議院選挙において、小選挙区で負けた議員の比例復活当選の命運を握るのは党の執行部だ。執行部が事前に決めた名簿順位が上位でなければ当選は難しい。つまり、議員本人と後援会の責任ではない党内の政治力学に、議員本人の当選の行方が委ねられてしまうのだ。小川はどうしてもこの仕組みが許せなかった。自分の力で勝ちとりたい。自分が生まれ育ち、議員として育ててくれた地元の「香川一区」から正々堂々と選出され、国会で仕事をしたいと願い続けてきた。

だが現実は厳しい。六度目の挑戦となった2017年の総選挙。圧倒的に強い平井との得票数の差は2183票だった。その前の2014年の選挙は8305票。得票数の差は縮まってはいるが、1票差でも勝ちは勝ち、負けは負けなのだ。

コロナに襲われる

2020年11月、小川の身体に異変が起こった。

〈小川淳也衆議院議員がコロナ感染　国会議員で3人目〉

ニュース欄にこの見出しが躍ったのは11月17日だった。結果的に小川はおよそ11日間、入院を余儀なくされた。病室から自らの病状についてツイッター上で報告した動画に映る姿は痛々しかった。人一倍感染対策には気を遣っていただけに、大きなショックを受けたという。

11月16日、身体の震えとだるさを感じた小川は体温を測る。39度を超えていた。通常ならば、家族に頼ればいいのだが、その日、あいにく妻は地元高松におり、議員宿舎には同居している次女しかいなかった。次女が車で病院まで送ろうかと声をかけたが、家族に感染リスクを負わせるわけにはいかないと、39度超の身体を引きずりながら、1㎞離れた病院まで往復1時間かけて一人で歩き続けた。国会議員なのだから、秘書やスタッフにも頼れたはずなのだが、誰の力も借りずに一人でやろうとするところがいかにもストイックな小川らしい。

必死の思いで病院に到着すると、判定に時間のかかるPCR検査ではなく、15分ほどでわかる抗原検査を受けるように医師に言われた。小川の鼻腔をこすった棒を持って消えた医師がものの数分もしないうちに慌てて戻ってきた。

「これを見てください」

差し出された検査キットには、陽性を示す真っ赤な線がくっきり浮かびあがっていた。見た瞬間、小川は言葉を失った。まさか自分がという思いがあった。陽性と判明しても、いや、陽性だからこそ、歩いて自宅に戻らなければならなかった。

フラフラになりながら途中で、家族・事務所・党の国会対策委員会に電話を入れた。

いずれも驚いた反応だった。「いったい自分はどうなるのか。死んでしまうのか」というはかりしれない不安。家族への思い。国会閉幕前の忙しい時期にコロナにかかってしまった悔しさと申し訳なさ。最初に検査をお願いしたクリニックから「（コロナの）症状がなければ検査しますが、症状があったら来てもらっては困ります」と断られたときの理不尽な気持ち。なんで、日本では陽性患者がそのまま入院できるようなシステムが整っていないのかというやるせなさ――さまざまな思いが心の中で渦巻いた。

入院直後は39度台だった熱は、発症4日目の朝には37度台まで下がった。この時、小川は自分のスマホで撮影した動画を自身のツイッターに投稿している。時折咳き込みながら息も絶え絶えに、小川は自分の病状を語り出した。動画の冒頭で、医療関係者への感謝を伝える場面で、小川は堪えきれなくなり涙を流した。そして、6回に分割された動画の最後をこう締めくくった。

「今回本当に、ほとんど国会と宿舎の往復。何回か確かに会食はあったんですが、いわゆる繁華街、新宿とか、若者が集まるような所に行ったこともなければ、消毒やマスクには本当に気をつけていたつもりで、本当に自分が疲れてたのか抵抗力が落ちてたのか、どこでどういう形で感染したのかが、全く分からないんです。ご存じの通り東京都をはじめとして、この秋から冬にかけてこのままでは、まだまだ感染拡大する可能性が高いと思います。医療現場がまだ比較的春先に比べれば落ち着いていると医師の先生はおっしゃってはいましたけれども、そちらにだけ頼るわけにはまいりませんし、なんとかしてこの感染の拡大、少なくともペースを抑え込まなければ、という気がしています。どうぞ皆様もくれぐれもご自身と大切な方々を守るためにも、お気をつけいただきたいと思います」

動画の翌日から熱がぶり返し、この波に小川は苦しんだ。熱が下がった後も倦怠感や咳が治まらない。一進一退の状態が1週間以上続き、退院できたのは11日目のことだった。小川が政府のコロナ対策の遅れについて強い憤りを覚えている（第3章参照）のも無理はないのだ。

延長戦に突入

例年よりも少し早い葉桜の季節が巡ってきた。

2021年4月18日の夜。50歳の誕生日にあたるこの日、小川は都内の貸会議室の

椅子に座り、珍しく神妙な面持ちで天を仰いでいた。時計の針が8時を指した。今から
SNS上での生配信に臨むのだ。2020年9月から小川は「千本ノック」と題して、自分のツイッター上で意見や質問を募り、ほぼ毎日のペースでそれに答えていた。基本的に質問はどんな内容でもいい。中には所属する立憲民主党への苦言など答えにくいものもあるのだが、小川は真っ正面から自分の意見を述べることをやめなかった。

この日の配信は特別な事情があった。50歳の節目に、ある決意を表明しなければならないと考えていたのだ。それは、18年前に初めて国政に立候補した時の所信表明のチラシと関係がある。〈変えたい。だから官僚やめた。……〉という一文から始まる、第2章の冒頭で紹介したあの青臭いチラシだ。今でもこの初心は少しも変わっていない。問題はその裏面だ。そこには小川が有権者に誓った公約が書かれていた。

〈私は20年、50歳を過ぎたら早期に身を引く。潔い引き際。政治を志す者の最後の大仕事だと思います〉

ちょうど、その50歳がやってきたのである。この問題に小川は自分なりの落とし前をつけようと、この生配信に踏み切った。公約に忠実だとすれば、この日は「引退宣言」の場となるはずだった。事実、「あのクソ真面目な男なら言い出しかねない」と

いう声もあった。結局、小川が自らに下した決断は次のようなものだった。

「次期総選挙にはぜひ出馬させていただきたい。ただ、漫然とこの先もなんとなく議席にたどりついて国会にいるということをもってのみ潔しとはできない。次期総選挙で、当選を果たせなかった場合身の振り方を考えなければいけない」

小川の好きな野球に譬えるなら9回裏。決着はつかず延長戦に突入した形である。今期の衆議院議員の任期は2021年10月21日をもって満了する。9月末にはその衆議院の解散権を持つ自民党総裁も任期満了を迎える。つまり、ここ半年の間に確実に解散、総選挙が行われることになる。修行僧の正念場である。

代表戦出馬宣言

あのストイックな性格からして、今回の選挙では背水の陣をしくのではないか、小選挙区に立候補しても、比例代表の重複立候補は辞退するのではないか——小川の周囲ではそんな憶測と懸念が広がっていた。負けたら即引退するのではないか——と。

兼ねてから小川の両親はこう言っていた。

「淳也は政治家には向いていないんじゃないか。学校の先生とか大学の教授とか、若い人に何かを教える仕事のほうが向いているのではないか」

小川の、常に「正しくあれ」というまっとうな政治家像は決して間違ってはいないと思う。政治家とは、当然、そうあるべきだと考える有権者も多いだろう。だが、誰もがよく知るとおり、実際には永田町では「正しさ」よりも「党利党略」が優先され、いまだに法務大臣経験者が有権者の票をカネで買収するような世界でもあるのだ。正論よりも熟議よりも、声の大きい、パフォーマンス政治ばかりが注目される。

清いだけでは政治はできない。清濁併せ呑む懐の深さこそが寛容なのだと、多くの政治家は都合のいいように考え、本音ではそう思っている。永田町は「正しさ」や「誠実さ」などとは対照的な「野心」「権力志向」「裏切り」「嫉妬」の渦巻く暗澹たる世界なのだ。

「もしも淳也が必要でないのであれば、一日も早く私たちのもとに返してほしい」と母・絹代は語る。けだし本心なのだろう。

予算委員会での歯切れのいい質問や、映画『なぜ君は総理大臣になれないのか』のヒットなどもあり、ここ4年で小川の名前は多少は知られるようになった。だが、小選挙区で戦う相手はこれまで6回挑戦してわずか一度しか勝てていない。おまけに、現在の「彼」は現職の大臣である。これまでで最も厳しい戦いになるのは目に見えている。そういう意味では、今回の選挙区事情は過去最悪だろう。

それでも、ただひとつだけ、小川はこれまでとは違うある宣言を行った。

「理想であれば選挙区で勝って、堂々と次期党首選に名前が挙がる。名乗りを上げるのが筋。けれども次回、もし議席をいただければ、選挙区当選、比例区当選を問わず、勝った上で（立憲民主党の）党首選に名乗りをあげさせていただく。不名誉を忍んでそうさせていただく」

今まで銅バッジの自分には資格がないと遠慮していた、立憲民主党の代表選に出馬するという事実上の宣言である。

この小川の突然の「出馬宣言」に、党内では、とくに幹部たちは平静を装っている。というよりもまったく相手にされていないかもしれない。

立憲民主党のある幹部は、小川についてこう評する。

「確かに弁舌は鋭い。予算委員会など表《おもて》では使える。けれども、どちらかと言えば一匹狼。これまで党のためにどれだけ尽力してきたかと言えば疑問。ここ数年、多少の知名度が出たからと言っても野党第一党をまとめるほどの力量はないだろう」

はっきり言えば、小川が立憲民主党の次期代表選挙に名乗りを上げたことは、ほとんどの幹部が知るところにない。小川は現代表の枝野幸男よりも6歳若く、次代の立憲民主党を支えるメンバーであることには間違いない。ただし、現段階ではまったくのダークホース。小川の去就に党内がザワついた形跡もない。やはり「相手にされていない」のである。

党首選の立候補には、最低20人の推薦人を集める必要がある。その上で、同党に所属する、衆参合わせて150余名の議員の最低でも過半数が「小川を担ごう」という空気が醸成されなければ当選は厳しいだろう。そのためには自分の志に賛同する同志を集めて派閥《グループ》をつくり、政権交代を目指す政党の骨格と主張を、永田町の内外の支援者やメディアに知らしめるのがセオリーなのだが、小川はそうした多数派工作をまったく得意としていないばかりか、もしかすると、やらない可能性さえある。正々堂々と、党首選の公開討論、立会演説の場で、ただ一回の迫真のスピーチをもって人身を揺さぶる、ただ一点に賭ける、などと言い出し兼ねない。代表選に名乗りを上げるチャンスは幾度もないのだ。

そして党の代表に選ばれて初めてその次が見えてくる。

内閣総理大臣の選出は、いわゆる首班指名によって行われる。したがって、野党第一党の党首にならずして、総理大臣の座を狙うことはできない。

小川は総理大臣になれるのか。

小川を知る多くの人が口を揃えるのは、（小川は）自然体で「変わらない」のではなく、強靭な意志で「変わるまい」と歯ぎしりをしながら自分を律しているのだという。ただ、その態度を貫くことができたのは、本当の意味での権力を握った経験がないからとも言える。民主的な国家ほど「権力の暴走」を前提とし、性悪説に立って憲法で権力者を縛ってきた。その前例に照らすのであれば、小川もまたそうなる可能性は否定できない。だが、社会が腐敗し、停滞すればするほど、社会が小川のような清廉潔白さを求める可能性はあるかもしれない。

いつまでも修行僧でいることはできない

修行僧、頑固なまでの正義感、清廉潔白……小川淳也という政治家の根底にあるのは「強烈な倫理観」だ。人の上に立つ者は「清廉潔白」でなければならないと小川は本気で考えている節がある。

だからこそ、なのか、今でも家賃4万7000円のアパートに暮らし、スーツも大手量販店で買った〝一張羅〟を使い倒す。

映画『なぜ君は総理大臣になれないのか』の終盤、高松市郊外にあるその安アパートで、妻・明子と大好物の「おあげ」を頬張り、心から嬉しそうな表情を見せる脳天気さと、安倍前総理や麻生財務大臣など強大な権力者にも怯むことなく敢然と戦いを挑む姿は、どちらも「政治とは、政治家とはこうあるべき」という小川ならではの強烈な理念と倫理観で結ばれている。

人は権力を持てば、間違いを犯し、私利私欲と権力維持の果てに腐敗していくのがテーゼではないか。もし、自分の意志ひとつで、世の中の仕組みを大きく変えることができる総理大臣という万能の権力を手にした時、それでも小川はあの4万7000円のアパートに暮らし、量販店で買ったスーツを着て、好物のおあげを頬張る日々を送れるのだろうか。

小川のもとには毎年、一枚の年賀状が届く。官僚時代の上司からだ。文末には毎年、同じ一言が書いてある。

〈この国をよろしく……〉

小川は今、人生で初めて自身が注目されていることを意識しているだろう。これまでの人生において、自分が主役として脚光を浴びることは皆無だったといってよいだろう。だからこそ、少し戸惑っていて、緊張していて、そして同時にチャンスが来たと思っているに違いない。

相も変わらず、頑固で始末に困る一国者。社会の、そして政治の「あるべき姿」を追い求め、強烈な理念と倫理観で自らを律する。

これまで、「なぜそこまで自らを追い詰めるのか、自分でもその理由が分からなかった」と小川は語るが、ある時、こんな言葉に遭遇したという。

「大欲は無欲に似たり」

大きな望みを持っている人間は、小さな利益には目もくれないため、欲がないように見える——という意味だ。それを小川なりのやや強引な解釈にあてはめると、次のようになる。

「この国を何とかしたい」という〝大欲〟のためならば、言葉どおり身を捨てる覚悟がある。そして、それに貢献できることこそが幸せなのだという。だからこそ、私利私欲などは話にならない——真剣な表情でそんな話をする政治家は少なくとも、これまで見たことがない。

だが、本当に総理大臣を目指すのであれば、小川はいままでの生活や信条を大きく変えなくてはならないかもしれない。

修行僧はいつまでも修行僧であってはならないのだ。

講談社現代新書 2622

本当《ほんとう》に君《きみ》は総理大臣《そうりだいじん》になれないのか

二〇二一年六月二〇日第一刷発行

著　者　小川淳也《おがわじゅんや》　中原一歩《なかはらいっぽ》

発行者　鈴木章一

発行所　株式会社講談社

東京都文京区音羽二丁目一二―二一　郵便番号一一二―八〇〇一

電　話　〇三―五三九五―三五二一　編集（現代新書）

〇三―五三九五―四四一五　販売

〇三―五三九五―三六一五　業務

装幀者　中島英樹

印刷所　豊国印刷株式会社

製本所　株式会社国宝社

定価はカバーに表示してあります　Printed in Japan

N.D.C. 310　206p　18cm

ISBN978-4-06-523066-4

「講談社現代新書」の刊行にあたって

教養は万人が身をもって養い創造すべきものであって、一部の専門家の占有物として、ただ一方的に人々の手もとに配布され伝達されうるものではありません。

しかし、不幸にしてわが国の現状では、教養の重要な養いとなるべき書物は、ほとんど講壇からの天下りや単なる解説に終始し、知識技術を真剣に希求する青少年・学生・一般民衆の根本的な疑問や興味は、けっして十分に答えられ、解きほぐされ、手引きされることがありません。万人の内奥から発した真正の教養への芽ばえが、こうして放置され、むなしく滅びさる運命にゆだねられているのです。

このことは、中・高校だけで教育をおわる人々の成長をはばんでいるだけでなく、大学に進んだり、インテリと目されたりする人々の精神力の健康さえもむしばみ、わが国の文化の実質をまことに脆弱なものにしています。単なる博識以上の根強い思索力・判断力、および確かな技術にささえられた教養を必要とする日本の将来にとって、これは真剣に憂慮されなければならない事態であるといわなければなりません。

わたしたちの「講談社現代新書」は、この事態の克服を意図して計画されたものです。これによってわたしたちは、講壇からの天下りでもなく、単なる解説書でもない、もっぱら万人の魂に生ずる初発的かつ根本的な問題をとらえ、掘り起こし、手引きし、しかも最新の知識への展望を万人に確立させる書物を、新しく世の中に送り出したいと念願しています。

わたしたちは、創業以来民衆を対象とする啓蒙の仕事に専心してきた講談社にとって、これこそもっともふさわしい課題であり、伝統ある出版社としての義務でもあると考えているのです。

一九六四年四月　野間省一